ये जो देश है मेरा

ये जो देश है मेरा

मंजीत ठाकुर

juggernaut

जगरनॉट बुक्स

केएस हाउस, 118 शाहपुर जाट, नई दिल्ली 110049

प्रथम प्रकाशन: जगरनॉट बुक्स 2017

तस्वीरें राजकुमार रॉकी, अभिषेक रंजन सिंह और
मंजीत ठाकुर की हैं।

ISBN 9789386228420

टाइपसेट: एपीग्राफ़िक्स एंटरप्राइज़

मुद्रक: मणिपाल टेक्नॉलजीस़ लिमिटेड़, भारत

पिता स्वर्गीय रामदेव ठाकुर को

अनुक्रम

अपनी बात

दुनिया तेज़ रफ़्तार से भागी जा रही है। हम सब जिस भौतिक वृद्धि के दौर को जी रहे हैं, हमने उसको मुख्यधारा मान लिया है। जो हमारे साथ इस दौड़ में शामिल नहीं है, चाहे वह हमारी व्यवस्था की वजह से हाशिए पर छूट गया हो या फिर अपनी इच्छा से, हम उन सबको घसीटकर मुख्यधारा में लाने की हिमाकत में लगे हैं। हम सीना चौड़ा करके सड़क, बिजली, पानी की बुनियादी सुविधाओं को विकास से जोड़ते हैं, हम उसे ही विकास मानते हैं। लेकिन विकास में सांस्कृतिक तत्व अब कहीं शामिल ही नहीं है। कम से कम सरकार की दृष्टि में तो नहीं ही है।

विकास के मायने अलग वक्त में समाज के अलग वर्गों और समूहों के लिए अलग होते हैं और उन्हें इसी तरह से देखा जाना चाहिए। मसलन, अंडमान निकोबार के आदिम जनजातियों के लिए विकास की परिभाषा क्या होगी और दिल्ली के लुटियन ज़ोन के निवासी के लिए विकास की आगे की राह क्या हो सकती है। ज़ाहिर है दोनों एक नहीं होंगे। लेकिन नीति-नियंताओं ने जबरिया विकास की अपनी परिभाषाएं समाज के सभी तबकों के लिए एक ही समीकरण की तरह निर्धारित कर दी हैं और एक तरह से उसे उन वर्गों पर थोप रहे हैं। विकास की परिभाषा, विकास के लक्ष्य, किसके लिए विकास और किस कीमत पर जैसे सवालों पर अब ज़िम्मेदारी के साथ बहस नहीं होती है। इन सवालों को समाज का ख़ास वर्ग ही

तय करता है। ज़ाहिर है, वह अपने नफे को हाथ से जाने नहीं देगा।

विकास की आमफ़हम परिभाषा के लिहाज से भी देखा जाए, तो भी एक डिजिटल और डिवेलपमेंटल डिवाइड, गैर-बराबरी की एक खाई देश भर में खिंच गई है। देश के कुछ इलाके ऐसे हैं जहां चमचमाते मॉल्स हैं, ऐशगाह हैं, पांच और सात सितारा होटल हैं, जहां रातों-रात सड़कें बन जाती हैं, पल भर को बिजली नहीं जाती, स्वास्थ्य के लिए भी पांच सितारा सुविधाएं हैं। दूसरी तरफ ऐसे इलाके भी हैं जहां बिजली-पानी-सड़क वाली विकास की किरण तक नहीं पहुंची।

कुछ मामले ऐसे हैं जहां राष्ट्रहित में परियोजनाएं चलाई गई हैं, लेकिन उनकी वजह से एक स्थानीय आबादी बेघर होकर दर-दर भटक रही है। बड़े विस्थापनों की कहानियां अक्सर अख़बारों और पत्रिकाओं में नमूदार हो भी जाती हैं, लेकिन छोटे समूहों की आवाज़ नक्कारख़ाने में तूती बनकर रह जाती है। विस्थापन अक्सर अस्मिता और सांस्कृतिक पहचान का संकट लेकर आता है।

इस किताब में पांच ऐसे ही रिपोर्ताज़ है, जिनमें देश के पांच हाशिए पर खड़े इलाकों का क़िस्सा है। यह सब मेरी लंबी यात्राओं के दौरान हासिल तजुर्बे और उस दौरान जुटाई-भोगी कहानियों का नतीजा हैं।

इसमें उत्तर प्रदेश और मध्य प्रदेश के इलाके बुंदेलखंड का क़िस्सा है, जो पानी के संकट और पानी के संरक्षण की बेशकीमती

विरासत के साथ-साथ जीवन-संकट की चर्चा करता है। नियामगिरि उड़ीसा का एक इलाका है, जो रायगढ़ा और कालाहांडी के बीच में है। यह हरियाली के विस्फोट का इलाका है। अनछुआ सौंदर्य। लेकिन, बदकिस्मती से इन पहाड़ियों के नीचे 7.2 करोड़ टन बॉक्साइट का खज़ाना है, और इसी वजह से बहुराष्ट्रीय कंपनियों की निगाह इस पर टिकी है। यहां के स्थानीय कोंध-डंगरिया जनजाति के संघर्ष की कहानी नियामगिरि के हकदार अध्याय में है, जिन्होंने माद्दा दिखाते हुए अपनी ज़मीन कंपनियों को सौंपने से इन्कार कर दिया।

इसी तरह उड़ीसा के ही उत्तरी इलाके केंद्रपाड़ा से थोड़ी दूर सतभाया पंचायत है, जिसके सात गांवों की ज़मीन को तेजी से बढ़ता समंदर निगल रहा है। बेघर-बार लोगों के पुनर्वास की दिक्कतें प्रशासनिक और सामाजिक भी हैं। सवाल वहां यह भी है कि सतभाया की समस्या जलवायविक परिवर्तन है या यह इसके ठीक उत्तर में पारादीप बंदरगाह की भी कोई भूमिका इस कटाव में है।

चौथा अध्याय मध्य प्रदेश के कूनो-पालपुर के जंगलों का है। जहां शेर-चीते और बाघ लाने की योजनाओं ने तुगलकी रूप धारण कर लिया और इनमें से कोई जानवर जंगल में तो नहीं आ पाया है लेकिन वहां 27 गांवों में रहने वाले सहरिया जनजाति के डेढ़ हजार परिवारों को बाहर निकाल दिया गया। अब वे लोग रोजी-रोजगार से दूर भटक रहे हैं। इन्हें न तो बुनियादी ढांचा मिला न आजीविका का कोई साधन। इन गांवों के अधिकतर बच्चे आज भी आंगनबाड़ियों और स्कूलों से

बाहर हैं और उनके सामने एक अनिश्चित भविष्य है।

आखिरी अध्याय पश्चिम बंगाल के जंगल महल का है, जहां वंचित और शोषित जनजातीय आबादी राज्य के खिलाफ उठ खड़ी हुई। उस विद्रोह को नक्सलवाद कहकर शांत तो कर दिया गया लेकिन सदियों से चला आ रहा वंचना का दौर खत्म नहीं हुआ। इस अध्याय में इलाके की गुरबत की स्थिति और साथ में बगावत का किस्सा तो है ही, इस आंदोलन में महिलाओं की गजब की भागीदारी का किस्सा भी है।

इन सबके ऊपर, इन सभी किस्सों में मूल बात एक ही है: प्रशासन का रवैया। संवेदनहीन प्रशासन न तो सतभाया के डूबते घरों और उनके निवासियों के लिए कुछ ठोस कर पाता है, न कूनो-पालपुर के जंगलों से निकाले गए सहरिया लोगों के लिए। यह प्रशासन नियामगिरि में वेदांता के पक्ष में खड़ा होता है और जंगल महल में तो यह उस आंदोलन को कुचलने में पूरी ताक़त झोंक देता है, वह भी अत्याचार की हद तक। बुंदेलखंड में किसानों की आत्महत्याओं को प्रशासन कभी गृह-कलह बताता है तो कभी असफल प्रेम।

प्रशासन की आंख खोली जा सकती है। लेकिन असली समस्या है हम सब, हम और आप, अपनी-अपनी दुनियाओं में खोए हैं। शहरी मध्य वर्ग यह मानता तो है कि इंसान अपनी तक़दीर बदल सकता है। वह अपने बच्चों से कहता है कि हमने भी तो अपना जीवन अभावों में जिया है। लेकिन यह नहीं भूलना चाहिए कि राज्य

की एक कल्याणकारी भूमिका भी होती है। आज यूज़र फ्री ज़माना है। जो दे सकता है वही पाएगा।

पता नहीं क्यों हम सब अनिवार्य विनाश की प्रतीक्षा में हैं, ठीक वैसे ही जैसे दोस्तोयेव्स्की ने अपने मशहूर उपन्यास बौड़म में लिखा है, "अनिवार्य विनाश के क्षण में जब आपके ऊपर घर ढह रहा हो, तो आपमें बैठ जाने की, आंखें मूंदकर प्रतीक्षा करने की प्रबल इच्छा जागृत होगी—जो होना है, सो हो।" हम सभी जो होना है सो हो वाली प्रवृत्ति के शिकार हो गए हैं।

इस किताब को लेकर एक अनिवार्य दर्द से गुज़रना पड़ा। जो देखा था, उस संदर्भ में बहुत कुछ पढ़ा, संदर्भ की किताबें, वेबसाइट्स, पत्रिकाएं।

इस किताब को लेकर पहला आभार तो रेणु अगाल जी का ही बनता है, जिन्होंने इस विषय में रुचि दिखाई और तकरीबन रोजाना मुझे कोंच-कोंचकर लिखवाती रहीं। इसमें रेयाज़ भाई का भी उतना ही हाथ रहा। रोज़ सुबह उनका वॉट्सएप मैसेज आ जाता था। रेयाज़ भाई से मैं तकरीबन वैसे ही डरता था, जैसे अपने हाई स्कूल के संस्कृत शिक्षक से।

इस किताब की नींव पहले लालगढ़ 2008 और 2009 में और उसके अगले साल बुंदेलखंड की यात्राओं से पड़नी शुरू हुई थी। मुझे बुंदेलखंड के बारे में सबसे अधिक उत्साहित किया था मेरे डीडी न्यूज़ के मेरे असाइनमेंट हेड धर्मेन्द्र तिवारी ने। उन्हें मेरे पसंद

का पता भी था और उन्होंने मुझे बारंबार बुंदेलखंड का दौरा करने को कहा। उनकी वजह से मुझे बुंदेलखंड के एकदम अंदरूनी इलाकों तक जाने की मौका मिल पाया। इसके साथ ही डीडी न्यूज़ के तत्कालीन निदेशक एए राव ने भी मुझमें भरोसा जताया।

नियामगिरि पर लिखने के दौरान मुझे वरिष्ठ पत्रकार अभिषेक श्रीवास्तव और अभिषेक रंजन सिंह का बहुत साथ मिला। उन्होंने इस विषय पर पढ़ने के लिए बहुत कुछ मुहैया कराया। डीडी न्यूज़ की वरिष्ठ पत्रकार और विस्थापन जैसे मुद्दों में रुचि रखकर अपनी अधिकार रखने वाली ऋतु वर्मा ने भी इस विषय पर तमाम पहुलओं से मेरे साथ चर्चा की।

लेकिन मैं अनिंद्य सेन गुप्ता का दिल से आभारी हूं जिन्होंने सतभाया के दौरे की रूपरेखा तो तैयार की ही, इस विषय में काम करने की सलाह भी दी और साथ ही जंगल महल के दौरों पर विस्तृत जानकारी के लिए मुझे उत्साहित करते रहे। वह हर बार मिलने पर किताब के बारे में पछते रहते थे और उनके सहृदय उत्साहवर्धन से ही मैं लिख पाया। इंडिया टुडे हिन्दी पत्रिका के मौजूदा संपादक अंशुमान तिवारी ने भी किताब की विषय-वस्तु पर विमर्श किया और अपने बहुमूल्य सुझाव देकर इस किताब को मुमकिन होने में अपनी गुरु जैसी भूमिका निभाई, इसके लिए मैं हमेशा उनका आभारी रहूंगा।

यह किताब मेरे उन मित्रों के बिना कभी संभव नहीं हो पाती, जो

मेरी इस संतान को लेकर उतने ही उत्सुक थे जितना कि मैं। मैं अनुपमा को बहुत धन्यवाद दूंगा कि उन्होंने अपने व्यस्त समय में से हर अध्याय को पढ़ा और बदलाव सुझाए। वृषाली और प्रदीपिका भी किताब को लेकर मुझसे अधिक उत्साहित थीं। मैं सुशांत झा, नितेंद्र सिंह और दीपांशु गोयल को हृदय से धन्यवाद देता हूं कि वह हर विषय की बारीकियों पर चर्चा किया करते थे।

आखिर में पत्नी पिंकी, बेटे अभिनंदन और बिटिया अवनि का ऋणी हूं क्योंकि मैंने इनके हिस्से का समय खर्च कर दिया। मां, भैया मंगल ठाकुर और रतन ठाकुर के आशीर्वाद के बिना मैं कुछ भी नहीं होता।

अब यह किताब एक किताब की शक्ल में नहीं, एक तजुर्बे की शक्ल में आपकी हाथों में है। इन रिपोर्ताज को पढ़कर कुछ लोग भी भारत के हाशिए पर पड़े समाज का दुख-दर्द समझ सकें, सरकार में बैठे दो-तीन अधिकारी भी इन लोगों की परेशानी के लिए छोटे कदम उठा सकें तो मैं समझूंगा कि मेरी कोशिश कामयाब रही।

आपका

मंजीत ठाकुर

15 अगस्त, 2017

बुंदेलखंड

बूंद चली पाताल

दिल्ली के पास वैशाली में तकरीबन नियमित रूप से एक रिक्शेवाले चेतराम से मेरी मुलाकात होती है जो अमूमन सफ़ेद कमीज़ और पाजामे में होता है। वही चेतराम मुझे एक रोज़ अपने घर के असबाब के साथ सड़क पर खड़ा मिल गया। उसकी झुग्गी उजाड़ दी गई थी।

आनंद विहार, दिल्ली की सरहद है और एक सड़क इस केंद्रशासित प्रदेश को उत्तर प्रदेश से अलग करती है। इसी सड़क से थोड़ा और आगे जाएंगे तो वैशाली और इंदिरापुरम जैसी पॉश कॉलोनियां हैं।

वैशाली में, जहां मैं रहता हूं, आसपास अभी अनगिनत खाली प्लॉट हैं, जिनपर न जाने कितने लोग झुग्गियां बनाकर रहते हैं। वहां महागुन मेट्रो और शॉप्रिक्स जैसे चमचमाते मॉल्स हैं, जहां की दुनिया में पॉप कॉर्न जैसी चीज़ें मक्खन के साथ खाई जाती हैं, उससे थोड़ा आगे ही करोड़ों की कीमत वाले खाली प्लॉट्स पर झुग्गियों में न जाने कितनी ज़िंदगियां अपने अरबों-खरबों के सपनों को जीने लिए जाने कहां-कहां से आती हैं।

चेतराम भी उन्हीं में से एक हैं, जो उत्तर प्रदेश के बुंदेलखंड से पलायन करने को मजबूर हुए हैं। बिरादरी से दलित चेतराम पेट पालने के चक्कर में घर छोड़कर यहां किसी और की ज़मीन पर रहते हैं, जहां उनकी झुग्गी अवैध और गंदी बस्ती के रूप में

गिनी जाती है।

ऐसी ही किसी गिनती को कम करने के लिए गाज़ियाबाद विकास प्राधिकरण ने सभी खाली प्लॉटवालों को अपने प्लॉट पर निर्माण कार्य शुरू कराने का आदेश दिया, ऐसा न करने पर आवंटन रद्द कर दिया जाता। इसीलिए, चेतराम की झुग्गी उजाड़ दी गई। झुग्गी ही नहीं उजड़ी, उनका घर और उनकी दुनिया भी उजड़ गई। अब चेतराम और उसके गांव के उसके ही जैसे लोग, मकनपुर गांव में रहते हैं। वहां भी वो किसी खाली ज़मीन पर ही रहते हैं, जहां रोज़मर्रा की दिक्कतें हैं। पानी की, शौच की, सफ़ाई की, हर क़िस्म की दिक़्क़त।

चेतराम, बुंदेलखंड के अपने गांव गन्हौली से निकले तो अपने पीछे सात बीघा ज़मीन छोड़कर आए थे। वे बड़े शान से बताते हैं कि उनका इलाका बेमिसाल राजाओं का इलाक़ा रहा है। राजा परमार देव का ज़िक्र करते हुए चेतराम कहते हैं- *बड़े लड़इया महुबे वाले, इनकी मार सही न जाए।*

ठीक है कि इतिहास में महोबे के वीरों की मार बहुत भारी थी और उन्हें हराना कठिन था लेकिन आज की तारीख़ में पानी ने सबको त्रस्त करके रख दिया है।

चेतराम के इलाक़े में एक के बाद कई एक बरसों तक नियमति बारिश नहीं होने से खेती फ़ायदे का सौदा नहीं रह गया। सात बीघा ज़मीन को बटाई पर लगाकर, काम की तलाश में चेतराम सपरिवार

दिल्ली आ गए। बटाई वाली ज़मीन से कुछ मिलता नहीं। दिल्ली में वे ख़ून-पसीना बहाते हुए रिक्शा चलाते हैं। लेकिन उनकी आंखों में गांव वापस जाने का सपना और उम्मीद भी ज़िंदा है।

केन के किनारे

ज़िंदगी उम्मीद के सहारे आगे बढ़ती है। शायद इसी ने ज़िंदा रखा था, गढ़ा गांव के प्रह्लाद सिंह को। बड़ी-बड़ी शानदार मूंछों वाले प्रह्लाद सिंह ने अपनी जवानी में किसी का क़त्ल कर दिया था।

क़त्ल का जुर्म अदालत में साबित हो गया, 1962 में बांदा ज़िला अदालत ने उन्हें सज़ा-ए-मौत सुनाई। लेकिन, प्रह्लाद सिंह को राष्ट्रपति से जीवनदान मिला और उनकी सज़ा आजीवन कारावास में बदल दी गई।

प्रह्लाद सिंह ने दस साल जेल में काटे थे कि सन बहत्तर में नेकचलनी की वजह से उन्हें वक़्त से पहले रिहा कर दिया गया। प्रह्लाद, गांव लौटे तो नई उम्मीद के साथ ज़िंदगी को दोबारा पटरी पर लाने की कोशिश की। गृहस्थी की गाड़ी चल निकली। अभी एक दशक पहले तक सब कुछ ठीक-ठाक था। लेकिन परिवार बड़ा हुआ तो प्रह्लाद सिंह और उनके भाई ने मिलकर ट्रैक्टर के लिए बैंक से कर्ज़ ले लिया। इसी कर्ज़ ने उनके परिवार को बरबाद कर दिया।

साल 2002 के बाद बुंदेलखंड का पूरा इलाक़ा लगातार सूखे की गिरफ़्त में आता गया। यह इलाक़ा पहले से ही कम बारिश वाला रहा है, लेकिन लगातार सूखे ने मर्ज़ को तकरीबन लाइलाज बना दिया।

प्रह्लाद सिंह की खेती चौपट हो गई। आमदनी का ज़रिया जाता रहा। बैंकों को कर्ज़ दिए गए पैसे वापस चाहिए थे। यह बात और है कि यह बैंक सरकारी थे और इस देश में विजय माल्या जैसे कई उद्योगपति हैं जिन्होंने इन्हीं सरकारी बैंकों का पैसा दबा रखा है, और चुकाने के वक्त विदेश चले गए। यह बात भी और है कि देश के 6

हज़ार उद्योगपतियों ने बैंकों से सवा लाख करोड़ का कर्ज़ ले रखा है। उनमें से कोई आत्महत्या नहीं करता, न ही उन पैसों के लिए बैंक कभी हलकान होता है और उनके घर भाड़े के गुंडे भेजता है।

लेकिन गढ़ा गांव के किसान प्रह्लाद सिंह के घर बैंक ने भाड़े के गुंडे भेज दिए। वह साल 2007 था, जब किराए के गुंडों ने बैंक की तरफ़ से प्रह्लाद सिंह के ट्रैक्टर को कब्ज़े में ले लिया। ट्रैक्टर नीलाम

कर दिया गया और उसके बाद बची बाक़ी की रकम की देनदारी की आख़िरी नोटिस भी निकाल दी गई।

जिन लोगों ने भारत के किसानों को ज़रा नज़दीक से देखा होगा, उन्हें इस बात का अंदाज़ा होगा कि एक किसान के लिए कितनी अहम होती है, उसकी साख, उसकी इज़्ज़त। खेत सूखे थे, कमाई का एक ज़रिया ट्रैक्टर था, वह भी चला गया। पहले तो प्रह्लाद सिंह के परेशान भाई और फिर उनके बेटे, बच्ची सिंह ने आत्महत्या कर ली। सयानी हो रही पोती मनोरमा चाहती थी कि वह अपने दादा को ब्याह के खर्च से बचाए। मनोरमा भी एक दिन डाई (बालों में लगाने वाला रंग) पीकर हमेशा के लिए सो गई। दिवंगत बेटे और पोती की तस्वीर दिखाते प्रह्लाद सिंह कहते हैं कि उन्होंने राष्ट्रपति से ऐसे बुढ़ापे के लिए क्षमादान नहीं मांगा था ।

बुंदेलखंड का एक ख़ुद्दार किसान, कर्ज़ चुकाना तो चाहता है लेकिन प्रह्लाद सिंह जैसे किसानों की मजबूरी है कि जिस खेती पर उन्होंने अपनी ज़िंदगी गुज़ार दी, वह खेती आज उनके बीज तक वापस नहीं कर पा रही।

प्रह्लाद सिंह की यह कहानी पूरे बुंदेलखंड की सवा दो करोड़ की आबादी की कहानी से कमोबेश मिलती-जुलती है। प्रह्लाद सिंह की ही तरह बाक़ी लोगों की उम्मीदों की डोर टूटने लगी है। कर्ज़ एक तरह से गांव के लोगों के लिए जीने की शर्त बन गए हैं। लेकिन, ये

शर्त जानलेवा है।

बुंदेलखंड के हर ज़िले में, हर शहर और हर गांव में हज़ारों प्रह्लाद सिंह मिल जाएंगे, जिन्होंने बैंक से खुशहाली के लिए कर्ज़ तो लिया, लेकिन वह उनके गले की फांस बनकर रह गया है। प्रह्लाद सिंह की कहानी उसी बुंदेलखंड की है, जिसका नाम हमेशा सुभद्रा कुमारी चौहान की पंक्तियों की याद दिलाता रहा है, बुंदेले-

हरबोलों के मुंह सुनी गई कहानियों वाला बुंदेलखंड। जिसके नाम से आल्हा-ऊदल याद आते रहे, *जा दिन जनम लियो आल्हा ने, धरती धंसी अढाई हाथ... ।* महोबे का पान, और चंबल का पानी: बुंदेलखंड के बारे में अच्छा-अच्छा सा बहुत कुछ सुना था।

बुंदेलखंड की जिस माटी के गुण कवि गाते नहीं थकते थे, लगता है वह माटी ही थक चली है। सुजला, सुफला, शस्य-श्यामला धरती बंजर बनती जा रही है। कुछ तो सूखे ने, कुछ सूखे की वजह से कर्ज़ ने, और बाकी बैंकों-साहूकारों के छल-कपट-प्रपंच ने बुंदेलखंड को किसानों की नई क़ब्रगाह बना दिया है।

बुंदेलखंड की धरती का सच, अब न तो आल्हा-ऊदल जैसे वीर हैं, न कीरत सागर, मदन सागर जैसे पारंपरिक तालाबों वाली उसकी पहचान। अब शायद किसानों की आत्महत्या और व्यापक पलायन ही इसकी पहचान बन गया है। बुंदेलखंड की अंदरूनी तस्वीर भयानक और अंदर तक हिला देने वाली है। बुंदेलखंड के किसानों में आत्महत्या की एक प्रवृत्ति हावी होने लगी है। बांदा, हमीरपुर, चित्रकूट, छतरपुर ज़िलों में न जाने कितने गांव हैं, जहां ज़्यादातर घरों में दरवाज़ों पर ताले लटक रहे हैं। हर गांव में ऐसे घर हैं, जिनमें अकेले बुज़ुर्ग बचे हैं और जो भूख से रिरियाते फिर रहे हैं। गांव के कई घरों में सिर्फ़ महिलाएं बची हैं। सात ज़िलों के चालीस फ़ीसदी से ज़्यादा लोग इलाक़े से पलायन कर गए हैं। इतनी बड़ी आबादी

दिल्ली में रिक्शा चलाती है, इटावा में ईंट-भट्ठों पर काम करती है, सूरत में मज़दूरी करती है।

खाली घरों और घरवालों को अपने प्रियजनों की वापसी की इंतज़ार है और धरती को पानी का।

जीने की जानलेवा शर्तःकर्ज़

बुंदेलखंड की समस्या पर सबका ध्यान एक बार फिर से गया था,

जब 2011 की पहली जनवरी से मई के बीच के पांच महीनों में उत्तर प्रदेश में पड़ने वाले इलाके के सात ज़िलों में आत्महत्याओं के 519 मामले सामने आए थे। यह किसी एनजीओ या आंदोलनकारी का आंकड़ा नहीं था, बल्कि राज्य अपराध रेकॉर्ड ब्यूरो का आंकड़ा था। जब इसकी ख़बर अख़बारों में आई थी, तो इलाहाबाद उच्च न्यायालय ने मामले का स्वत: संज्ञान लिया।

बुंदेलखंड में किसानों की आत्महत्या की बढ़ती हुई दर चिंताजनक है। राज्य सरकार इन आत्महत्याओं को गृहकलह जैसी वजहों से जोड़ती है, हालांकि इसको कोई भी आसानी से खारिज़ कर सकता है। मिसाल के लिए बांदा में रहने वाले सामाजिक कार्यकर्ता पुष्पेन्द्र भाई पलटकर पूछते हैं, 'गृह कलह कहां नहीं होता? देश में इतने उद्योगपति हैं जिन्होंने कर्ज़ भी ले रखा है और उनके घर में भाई-भाई का झगड़ा होता है, लेकिन वे तो आत्महत्या नहीं करते?' सवाल बुनियादी है, और वाजिब भी।

उत्तर प्रदेश में पड़ने वाले बुंदेलखंड जाते हुए कानपुर से आगे की तरफ़ निकलें तो केन के किनारे-किनारे बदहाली के दृश्यों का एक अंतहीन सिलसिला शुरू हो जाता है।

एक तरफ़ हमीरपुर ज़िला, दूसरी तरफ़ बांदा। केन नदी दोनों ज़िलों को बांटती तो है लेकिन वह नहीं बांट पाई है तो दोनों तरफ़ भूख की तस्वीर को, लोगों की तकदीर को और आत्महत्याओं के

सिलसिले को।

इसी नदी के किनारे, ज़िले के आख़िरी छोर पर है गढ़ा गांव।

यहां प्रह्लाद सिंह के पड़ोस में रहती हैं राजकिशोर। राजकिशोर के पति का ट्रैक्टर भी बैंक ने भाड़े के गुंडों से छिनवा लिया। राजकिशोर के पति ट्रैक्टर छिनने के बाद कभी घर नहीं लौटे, लौटी तो बस उनकी मृत देह। राजकिशोर के लिए अब पहाड़-सी ज़िंदगी

सामने है। उनके लिए जीने की कोई डोर नज़र नहीं आती। राजकिशोर और उनकी ब्याह के लायक होती जा रही बेटी के लिए दो वक्त की रोटी मुहाल है। इज़्ज़तदार किसान की विधवा घर-घर जाकर झाड़ू-कटकी करती है, गोबर पाथकर उपले बनाती है। लेकिन जिनके घर में वह झाड़ू-कटकी करती हैं, उनकी भी हालत कोई अच्छी नहीं।

गढ़ा गांव में ही सुराजी का घर भी है। उनके घर में दो मौतें हुई हैं। राज्य सरकार के अधिकारी उनके घर की आत्महत्याओं को भी 'गृह-कलह' से हुई मौतें बताते हैं। सुराजी के घर में नितांत अकेलापन पसरा रहता है। बीवी बहुत पहले भगवान को प्यारी हो गई। सुराजी की एकमात्र पोती का ब्याह हो गया तो सुराजी ने चैन की सांस ली थी। 2010 में एक दिन जब पोती अपने पति के साथ

घर आई तो हालात सूखे की वजह से बदतर हो चुके थे।

बताते हुए सुराजी की आंखें डबडबा जाती हैं, 'पिछले ही साल, पोती और उसके पति पहली बार अपने घर आए, घर में सेर भर भी गल्ला (अनाज) नहीं था।' इसी अपमान से भरे सुराजी के बेटे ने पास के नीम के पेड़ से फांसी लगा ली। सुराजी तर्जनी से सामने नीम का पेड़ दिखाते हैं। पिता की आत्महत्या के अपराधबोध में

पोती ने भी जान दे दी। सुराजी के दुख में सारा गढ़ा गांव साथ है। लेकिन गांव के हर किसी के साथ परिस्थितियां कमोबेश ऐसी ही हैं।

नीम का वह पेड़ गांव भर के लिए अपशगुन का प्रतीक बन गया है, और यह अब भी हरा है, उस पर सुराजी की आहों का कोई असर नहीं हुआ है।

ऐसी कहानियों वाला सिर्फ़ गढ़ा गांव अकेला नहीं है, और न ही प्रह्लाद सिंह, राजकिशोर और सुराजी अकेले हैं। यह सही है कि बदहाली सबसे ज़्यादा बांदा में है, लेकिन मध्य प्रदेश और उत्तर प्रदेश के तेरह ज़िलों में फैले इस भौगोलिक क्षेत्र बुंदेलखंड में न जाने कितने ऐसे गांव हैं। आत्महत्या के मामलों की गिनती करते वक्त आत्महत्या की कोशिशों के मामले दर्ज नहीं होते। गांववाले सतर्क हो गए हैं, और उन लोगों की निगहबानी करने लगे हैं, जिनके बारे में आशंका होती है कि वे आत्महत्या की कोशिश कर सकते हैं। लेकिन, भूख-प्यास की निगहबानी कोई कर सका है भला!

ऐसा ही मामला है सोनू का। सोनू कोई सोलह साल की लड़की है। इसने भी जान देने की कोशिश की थी। वजह: सोनू के पिता रामकिशोर बैंक के कर्ज़दार थे ही, बड़ी बहन की शादी में दो-तीन

किसान आत्महत्याः विदर्भ की राह पर बुंदेलखंड

साल	किसान आत्महत्याएं
2009	568
2010	583

स्रोत: राज्य अपराध रेकॉर्ड ब्यूरो, उत्तर प्रदेश

उत्तर प्रदेश के बुंदेलखंड में किसान आत्महत्याएं

- राज्य अपराध रेकॉर्ड ब्यूरो के आंकड़ों के अनुसार, 2012 के पहले पांच महीनों में ही 519 आत्महत्याएं दर्ज़ की गईं
- साल 2001 से 2005 के बीच चार सालों में 1275 आत्महत्याओं के मामले सामने आए
- 2007 से 2010 के बीच आत्महत्याओं का आंकड़ा बढ़कर 1351 हो गया
- 2011 से 2012 में 624 किसानों ने आत्महत्या की
- 2011-2012 में आंकड़ा घटकर 13 पर आया, जबकि 2014 के अप्रैल तक आंकड़ा 15 किसानों तक का था

स्रोत: *बिज़नेस स्टैंडर्ड* और राज्य अपराध रेकॉर्ड ब्यूरो, उत्तर प्रदेश

लाख और चढ़ गए। आठवीं में पढ़ने वाली सोनू ने सोचा अगर वही न रही, तो पिता को शादी की चिंता भी न करनी होगी, और न ही कर्ज़ लेना पड़ेगा।

पिता को कर्ज़ के बोझ से बचाने के लिए एक रात सोनू डाई पीकर सो गई। वक्त रहते ही उसका इलाज शुरू कर दिया गया और सोनू बचा ली गई। सोनू के पिता घटना बयान करते-करते अचानक चुप होकर शून्य में निहारने लगते हैं।

सोनू भी हमसे बात करने से थोड़ा कतराती है। मरने की कोशिश करके क्या साबित करना चाहती थी, इस सवाल का जवाब वह बहुत मासूमियत से देती है: 'जब हमहीं ना रहेंगे तो पापा को कर्ज़ नहीं लेना पड़ेगा ना'।

झांसी के मऊरानीपुर के गांव मैलोनी में शांति देवी पति का जिक्र आते ही बिलखकर रोने लगती हैं। शांति देवी के ससुर ने एक साल पहले और पति ने छह महीने पहले आत्महत्या कर ली। वजह वही रही, खेती चौपट होना और कर्ज़ के जाल में फंसना। अब गांव के छोर पर बसे उनके परिवार में बूढ़ी सास और तीन बच्चों को सहारा देने वाला कोई नहीं है। उनकी अपनी पूरी ज़िंदगी तो पड़ी ही है।

बुंदेलखंड में आत्महत्या करने वाले किसानों की गिनती उत्तर प्रदेश सरकार के आंकड़ों से काफी ज़्यादा है। राज्य सरकार के आंकड़ों के मुताबिक, 2015 में 56 और 2016 में 163 किसानों ने आत्महत्या की और उनकी मौत की वजहें भी कुछ अलग ही रहीं। लेकिन, इलाके में काम कर रहे किसान नेता शिवनारायण सिंह परिहार के पास एक ऐसी डायरी है जिसमें तस्वीरों के साथ किसानों के नाम-पते दर्ज़ हैं जिन्होंने कर्ज़ के मर्ज़ से छुटकारा पाने का रास्ता मौत को ही समझा। शिवनारायण ने काले रंग की इस डायरी को 'मौत की डायरी' नाम दिया है और यह राज्य सरकार के आंकड़ों को मृतक किसानों के नाम-पते के साथ झुठलाती है। इस डायरी के मुताबिक, पिछले 20 महीनों में उप्र के तहत बुंदेलखंड के सात

ज़िलों में करीब साढ़े आठ सौ किसानों ने आत्महत्या कर ली है।

पिछले दो साल भी खेती की हालत कुछ ठीक नहीं रही है और उत्तर प्रदेश सरकार भी अपनी रिपोर्ट में 2015-16 में खरीफ की फसल में 70 फीसदी का नुकसान मान रही है। अकेले बांदा में 95,184 हेक्टेयर रकबे में दलहन और तिल की खेती चौपट हुई है। यहां छोटे सीमांत किसानों ने 68,241 हेक्टयेर में तिल, ज्वार, बाजरा,

अरहर और धान बोया था, जिसकी लागत भी वसूल नहीं हो सकी।

बुंदेलखंड के सभी तेरह ज़िलों में साल 2010-2015 के बीच कुल मिलाकर करीब 3000 किसानों ने आत्महत्या की है। यह आत्महत्याओं का आधिकारिक आंकड़ा है जो राष्ट्रीय मीडिया में कभी-कभार और उस इलाके में अमूमन सुर्ख़ियां पाता रहता है। इसमें आत्महत्या की कोशिशों के मामले शामिल नहीं हैं, क्योंकि आत्महत्याओं की गिनती करते वक़्त उन्हें नहीं गिना जाता। इसके बावजूद अगर नज़र रखी जाए, तो बुंदेलखंड में हर तीसरे दिन किसी न किसी ज़िले से किसी न किसी किसान की आत्महत्या की ख़बर आ ही जाती है।

गौरतलब है कि यह चार साल सूखे के सबसे भयावह साल थे। यानी आत्महत्याओं का सूखे से संबंध तो है, लेकिन बहुत ज़्यादा नहीं।

इसे समझने के लिए प्राकृतिक आपदाओं पर एक नज़र डालते हैं। बुंदेलखंड के तेरह ज़िले साल 2003 से 2010 तक लगातार सूखे की चपेट में रहे हैं, साल 2011 में यहां के कुछ इलाकों में बाढ़ आ गई, साल 2012 में मानसून देर से आया और अगले साल भी यही स्थिति रही और बारिश बेहद कम हुई। साल 2014 में भी अकाल ने तांडव मचाया और 2015 में रबी की फसल के दौरान हुई बारिश ने फसल बरबाद कर दी। 2016 तो इस इलाके में ही नहीं, देश के बड़े हिस्से में सूखाग्रस्त साबित हुआ है।

अगर इन प्रकोपों के साथ आत्महत्या के रूझानों का मिलान करें तो यह साफ हो जाता है कि लोग सिर्फ़ सूखे से ही मौत की राह चलने को मजबूर नहीं हुए हैं। सतह पर चल रही चीज़ों के नीचे कुछ तो ऐसा है जिसने इस इलाके में आत्महत्या की सामूहिक प्रवृत्ति को बढ़ावा दिया है।

कहां है बुंदेलखंड?

कुल ज़िले	13
उत्तर प्रदेश	6 ज़िले
मध्य प्रदेश	7 ज़िले
आबादी	1.83 करोड़

स्रोत: जनगणना 2011

बुंदेलखंड में साहूकारी फंदा तो किसानों के गले है ही, सरकारी बैंकों का रवैया भी संदेहास्पद नज़र आता है। बैंकों ने वसूली के लिए न सिर्फ़ किसानों पर दबाव डाला बल्कि कई मामलों में तो वसूली के लिए किराए के गुंडे तक भेजे। खेती को विकसित करने की आधुनिक तकनीकों और मशीनों ने किसानों को सब्ज़बाग तो दिखाए, लेकिन उन सपनों को पूरा करने का रास्ता कर्ज़ से होकर जाता था। पिछले एक दशक तक बड़ी संख्या में किसानों ने ट्रैक्टर खरीदने के लिए बैंकों से कर्ज़ लिया, लेकिन 2001 के बाद लगातार सूखे ने कर्ज़ वापसी की राह ही बंद कर दी। लोग अपनी फसल की लागत तक वसूल नहीं पा रहे लेकिन वसूली के लिए तकाजों पर सरकारी कानून की दुहाई दी जाती रही। तो कभी अतिदेय

राशियों की रिकवरी चालान (आरसी) जारी कर ज़मीनें भी नीलाम की जाती हैं।

एक पानीदार यानी इज़्ज़तदार किसान सारी बातें बर्दाश्त कर सकता है लेकिन ज़मीन नहीं खो सकता।

एक भरा-पूरा किसान किस तरह इस अकाल में मज़दूर में बदल जाता है इसकी एक मिसाल हैं चित्रकूट ज़िले के किसान राजेन्द्र सिंह। राजेन्द्र सिंह का घर मिट्टी का सही, लेकिन हवेलीनुमा है। ऊपर खपरैल की छत है लेकिन उससे उनके अतीत के वैभव का पता चलता है।

राजेन्द्र सिंह के पास पांच साल पहले तक चालीस बीघे ज़मीन थी। उन्होंने बैंक से कर्ज़ नहीं लिया, किसान क्रेडिट कार्ड से लिया हुआ कर्ज़ भी नाममात्र को ही था। लेकिन, आज की तारीख में वो एक भूमिहीन किसान हैं, उन्हें पेट पालने के लिए दूसरे किसानों के यहां काम करना होता है, या फिर वो मनरेगा में दिहाड़ी मज़दूरी करते हैं।

घनी मूंछों में अपना दर्द छिपाने की नाकाम कोशिशों के बीच राजेन्द्र सिंह बताते हैं कि उनके पास ज़मीन तो है लेकिन सिंचाई की सुविधा नहीं थी। इसलिए बारिश की कमी के दौर में, ज़मीन परती रह गई। पिछले दशक भर से चला आ रहा सूखा उपज नहीं दे रहा। लेकिन बड़ी होती बेटियों का ब्याह ज़रूरी है। उनकी सारी ज़मीन धीरे-धीरे बेटियों की शादी में बिक गई। घर की गिरती दीवारें, टूटती खपरैल

और ठंडा पड़ा चूल्हा उनकी हालत बयान करने को काफी है।

खंड-खंड बुंदेलखंड

करीब 70 हज़ार वर्ग किलोमीटर में फैला हुआ बुंदेलखंड क्षेत्रफल के लिहाज से श्रीलंका से भी बड़ा है। इस इलाके की समस्या को गहराई से समझने के लिए जानना होगा कि आखिर बुंदेलखंड में सामने आने वाली इस मानवीय त्रासदी की जड़ें कहां हैं? असल में इसकी जड़ें बुंदेलखंड की अर्थव्यवस्था में निहित हैं।

बुंदेलखंड की आबादी का साठ फ़ीसदी हिस्सा कामगारों का है। इनमें से करीब-करीब साठ फ़ीसदी खेतिहर मज़दूर हैं या फिर बटाईदार। जो लोग भूमिहीन हैं वो अमूमन खेतिहर मज़दूर हैं या फिर खदानों में काम करते हैं।

उत्तर प्रदेश के बुंदेलखंद की कुल बोई गई भूमि का 46 फ़ीसदी और मध्य प्रदेश की कुल बोई गई भूमि का 45 फ़ीसदी हिस्सा सिंचित तो है, लेकिन यह सिंचाई सुविधा बेहद खराब स्थिति में है। भूमिगत जल का ज़रूरत से अधिक दोहन हो रहा है और यहां कुएं ही सिंचाई और पीने के लिए पानी के प्रमुख स्त्रोत हैं।

इस इलाके में 58 फ़ीसदी से अधिक कर्ज़ महाजन साहूकारों से 3 से 8 फ़ीसदी ब्याज की ऊंची दर पर उठाया जाता है। सहकारी बैंक सिर्फ़ 7 से 10 फ़ीसदी तक लोन बांटते हैं वह भी बड़े किसानों को। 96 फ़ीसदी किसान पूरी तरह खेती और मवेशी पालन पर निर्भर हैं।

जड़ से उखड़ते लोग

मध्य प्रदेश के छतरपुर में कचूला ताल इस इलाके में सिंचाई और मवेशियों के पीने के पानी का सबसे बड़ा स्रोत था, लेकिन यह सूख चुका है। यही नहीं, जय सागर हो या मदन सागर, उत्तर प्रदेश के हिस्से वाले इन मशहूर तालाबों के भी बड़े हिस्से में भूरी-सूखी दरारों से फटी ज़मीन दिखने लगी है।

बुंदेलखंड

इस बार का सूखा किसानों और खासकर सीमांत किसानों और खेतिहर मज़दूरों के बच्चों के लिए पोषण छीन कर ले जाने वाला अकाल साबित हो रहा है। गैर-सरकारी अनुमान हैं कि पिछले दो साल में बुंदेलखंड के गांवों में दाल और दूसरे प्रोटीन, जिनमें दूध (अपने ही मवेशी के दूध) का उपभोग कम हो गया है। गांव में आमतौर पर घर में उड़द और मूंग की दाल हुआ करती हैं। लेकिन

पिछले दो साल में लगातार खराब हुई फसलों के बाद आखिर भंडार कितने दिन तक बचता? और बाज़ार से दाल खरीदने की कूव्वत आखिर कितनों की बची है दाल और दूध का नाम लेते ही गांव के बड़े-बूढ़े हंस पड़ते हैं, 'अच्छा मज़ाक कर लेते हो आप...' मीडिया रिपोर्टों के मुताबिक, हालात इतने बुरे हैं कि कहीं-कहीं बच्चों को घास की रोटी खाने पर भी मजबूर होना पड़ा है। हां, यह ज़रूर है कि मिड डे मील योजना की वजह से स्कूल जाने वाले बच्चों को हफ़्ते में एक बार अंडा और दूध मिल जाता है।

इसका मतलब यह नहीं है कि सरकारी योजनाएं बेदाग़ चल रही हैं। उत्तर प्रदेश के बुंदेली गांवों में, बीपीएल और मनेरगा कार्डों के रेट फिक्स हैं। बीपीएल कार्ड बनवाने के लिए दस हज़ार रुपए, मनरेगा कार्ड के लिए पांच से सात हज़ार। गरीब साबित होने के लिए भी घूस देनी है, और यह बात कोई अनजानी नहीं।

जीते राम के पास पेंशन कार्ड तो है, लेकिन वो पेंशन नहीं ले पा रहे क्योंकि उनका आधार कार्ड नहीं बना है। उनका क़िस्सा भी अजीब है, सारी ज़िंदगी वह पत्थर तोड़ते रहे। हथौड़ा चलाते रहने से शायद उनकी उंगलियां घिस गईं है, और उनकी उंगलियों का छाप कंप्यूटर भी लेने से इन्कार कर देता है। ऐसे में आधार कार्ड कैसे बने?

उनके बच्चों ने उनका साथ छोड़ दिया है। एक इटावा के ईंट भट्ठों में मज़दूरी करने चला गया दूसरा, दिल्ली में कहीं किसी

इमारत बनाने वाले ठेकेदार के यहां काम करता है।

उनके पास सार्वजनिक वितरण प्रणाली (पीडीएस) के लायक पैसे भी नहीं हैं क्योंकि ढलती उम्र में हथौड़े चलाना उनके बस का नहीं। अब उनको बहेड़ा और पीकड़ जैसे जंगली फलों पर निर्भर रहना पड़ता है या फिर गांववालों की उदारता पर कि कोई खाने के लिए कुछ दे दे।

हर गांव में है बदोलनबाई

आपदा जैसी स्थितियों ने बदोलन बाई का परिवार ही उजाड़ दिया। तीन तरफ़ की गिरी हुई दीवारों के साथ बदोलन बाई का घर झोंपड़ी और खंडहर के बीच की कोई चीज़ लगता है।

चित्रकूट ज़िले के पवा गांव की बदोलन के पति भूमिहीन मज़दूर थे। कई साल से चल रहे सूखे ने जब 2007 में भयावह रूप अख़्तियार किया तो बदोलन के पति को मज़दूरी मिलनी भी बंद हो गई। पूरा परिवार भुखमरी की चपेट में आ गया।

बदोलन के पति को आखिरी बार भूख लगी। पिता की मौत के बाद बदोलन का बड़ा लड़का दिमागी संतुलन खो बैठा, छोटा दिल्ली जाकर रिक्शा चलाने लग गया।

अब गांव में बदोलन अकेली भूख से जूझ रही है। उसके विक्षिप्त हो चुके लड़के को गांववाले दया से कुछ खिला देते हैं। बदोलन कहती हैं, 'सब राज-काज होत दुनिया में, एक हमरे सुधि न ले है

कोई।' उसकी शिकायत में भारतीय प्रजातंत्र का पोस्टमॉर्टम हो जाता है।

लेकिन भूख से जूझने वाली बदोलन अकेली नहीं है। चित्रकूट के पाठा इलाके में कई ऐसे घर हैं, जहां के बच्चों को खर-पतवार यानी चौलाई की रोटी खानी पड़ रही है। जंगली खर-पतवार को पीसकर आटे में मिलाकर खाने की बंदोबस्त की जा रही है। गांव में मैंने तीन-चार घरों में महिलाओं को सिल-बट्टे पर चौलाई कूटते हुए देखा, वो उसे आटे में मिलाकर रोटियां तैयार करती हैं। दिखने में यह रोटी पालक-परांठे जैसी ही है, लेकिन घास की रोटी मूलतः घास की रोटी होती है। दिखने में चाहे जैसी हो।

सूखा बुंदेलखंड के लिए नई बात नहीं है। यहां की जलवायु और मिट्टी की बनावट ऐसी रही है कि पानी की कमी और सूखा यहां की ज़िंदगियों का हिस्सा रहे हैं।

पुराने ज़माने से बुंदेलों ने इस सूखे इलाके को हरा रखने के पुख़्ता इंतज़ाम किए थे। इसके सबसे बड़े उपाय के रूप में तालाब बनावाए गए। कहा जाता है कि बुंदेलखंड के महाराजा छत्रसाल के बेटे को गड़े हुए खजाने के बारे में एक बीजक मिला था। बीजक की सूचना के अनुसार जगतराज ने ख़ज़ाना खोद निकाला। छत्रसाल को पता चला तो बहुत नाराज हुएः मृतक द्रव्य चंदेल को, तुम क्यों लिए उखार। अब गड़े ख़ज़ाने के बेहतर इस्तेमाल की बात सामने आई। पिता ने बेटे को आज्ञा दी कि उससे चंदेलों के बने सभी

तालाबों की मरम्मत की जाए और नए तालाब बनाए जाएं। वंशवृक्ष देखकर विक्रम संवत 286 से 1162 तक की 22 पीढ़ियों के नाम पर 22 बड़े-बड़े तालाब बनाए गए। ये तालाब बुंदेलखंड में आज भी हैं। लेकिन बदलते राज और समाज ने तालाबों को बिसरा दिया।

पेयजल समस्या पर 2009 में आई *वॉटर एड* की रिपोर्ट कहती है कि सूखे के बावजूद सत्तर के दशक तक पारंपरिक जल संरक्षण की विधियों से सूखे के बावजूद इलाके में पीने और घरेलू इस्तेमाल के लिए पर्याप्त पानी मिल जाता था। इसमें कहा गया है कि इलाके की पारिस्थितिकी नाजुक है, लेकिन बरसाती पानी से इसके जंगल, इसके जलाशयों और तालाबों को रिचार्ज करने में मददगार रहे हैं। ये जलाशय और तालाब भूमिगत जल के लिए भी रिचार्ज पिट की तरह काम करते रहे हैं। स्थानीय समुदायों ने इन जलस्रोतों को टिकाऊ बनाने और जिंदा रखने में कामयाबी हासिल की थी।

यह संतुलन जंगलों की कटाई और इसके साथ ही जल संरक्षण की पारंपरिक विधियों को नज़रअंदाज़ करने से ध्वस्त हो गया। अब बहुत कम पानी संरक्षित हो पाता है, इससे सिंचाई के लिए कम पानी मिलता है और पेयजल की समस्या गंभीर हो गई है। इसका असर भूमिगत जल के रिचार्ज होने पर भी पड़ा है। भूमिगत जल रिचार्ज नहीं हुआ तो इलाके के हज़ारों हैंडपंप भी सूख गए। इससे स्थिति बदतर हुई। यानी बरसात की मात्रा में थोड़ी भी हेर-फेर अब सूखा लाने की पर्याप्त वजह साबित हो जाती है।

यह रिपोर्ट आगे कहती है इस चक्र के ध्वस्त होने से पारिस्थितिकी में गिरावट आई है जिसके लिए स्थानीय, ग्रामीण और कृषि विकास की नीतियों को दोषी ठहराया जा सकता है।

साल 1905-06 में बंबई और बुंदेलखंड प्रांत में सूखे और हैजे का कहर फैला था। लेकिन 2014 में प्रस्तुत की गई अपनी रिपोर्ट में राष्ट्रीय आपदा प्रबंधन संस्थान (एनआईडीएम) ने रेखांकित किया है कि 'उस दौर में भी सूखे की वजह से मौतें बुंदेलखंड के लिए

घर छोड़ने को मजबूर बुंदेले

उत्तर प्रदेश के ज़िलों में पलायन		मध्य प्रदेश के ज़िलों में पलायन	
बांदा:	7,37,920	टीकमगढ़:	5,89,371
चित्रकूट:	3,44,801	छतरपुर:	7,66,809
महोबा:	2,97,547	सागर:	8,49,148
हमीरपुर:	4,17,489	दतिया:	2,00,901
जालौन:	5,38,147	पन्ना:	2,56,270
झांसी:	5,58,377	दमोह:	2,70,477
ललितपुर:	3,81,316		

स्रोत: केंद्रीय मंत्रिमंडल की आंतरिक समिति की सिफारिश

अनजानी बात थीं।'

इस दस्तावेज़ में आगे इस इलाके के 'ऐतिहासिक रूप से घने जंगलों से भरे' होने के साथ यहां के 'गांवों के तालाबों' का भी ज़िक्र है। इस रिपोर्ट में यह भी कहा गया है कि जहां एक ओर राजस्थान जैसे सूखाग्रस्त इलाकों ने मौसमी सूखे से निपटने के तरीके अख़्तियार किए वहीं, बारंबार के सूखे और ग़रीबी के साथ ही, सूखे से निपटने की प्रभावी नीतियों के अभाव ने बुंदेलखंड को अकाल के नक्शे पर स्थायी जगह दे दी है। यह रिपोर्ट, बुंदेलखंड में बढ़ते जोखिम और इस जोखिम के दिन-ब-दिन ज़्यादा जटिल होतें जाने की ओर इशारा करती है।

इस इलाके में बांधों की सघनता एशिया में सबसे ज़्यादा रही है। सिंचाई की सुविधा के लिए बनाए गए बांध और नहरें आज की तारीख़ में बेकार हो चुकी हैं। बांध की तली में जमी गाद से बांधों की क्षमता बहुत कम हो गई है। साथ ही नहरों में भी जमा गाद की बरसों से सफाई नहीं हुई है। पिछले कुछ साल में बुंदेलखंड में नहरों का कमांड एरिया सिकुड़ गया है। ऐसे में पानी कम खेतों तक ही पहुंच पा रहा है।

यह स्थिति इसलिए है क्योंकि विकसित हो रहे देशों की कतार में भारत ही दुनिया का एक ऐसा देश है जहां पानी के प्रबंधन का कोई विचार नहीं है। यहां इस्तेमाल में लाए जा चुके 90 फीसदी पानी को नदियों में उड़ेल दिया जाता है। ज़्यादातर तो यह शहरों का

सीवेज और उद्योगों होता है। इससे पर्यावरण और खुद नदी को कितना नुकसान होता है, इसकी छोड़ भी दें तो इंसानी ज़िंदगियों पर ही इसके बुरे नतीजे भयावह हैं। फिर कोई सरकार गंगा और यमुना को बचाने की कोशिशों में जुट जाती है।

1947 में 6042 क्यूबिक मीटर पानी हर व्यक्ति के हिस्से का था। यह मात्रा 2011 में घटकर 1545 क्यूबिक मीटर रह गई। आज की तारीख में, 1495 क्यूबिक मीटर पानी हर व्यक्ति के हिस्से का है। आंकड़े बताते हैं कि देश की बारिश का 65 फीसदी पानी समुद्र में चला जाता है। खेती, खेती के लिए सिंचाई, सिंचाई में अंधाधुंध उर्वरकों का इस्तेमाल, कीटनाशकों का छिड़काव यह सब मिलकर पीने लायक पानी को भी प्रदूषित कर देते हैं।

पानी को लेकर भारत का रास्ता एक ऐसी दिशा में बढ़ रहा है, जहां खेती की अर्थव्यवस्था भी ढह जाएगी और थर्मल हो या हाइड्रो पावर सेक्टर, ये बिजली पैदा करने लायक नहीं रह पाएंगे।

लेकिन, ऐसा नहीं है कि इस घटते और खराब होते पानी से किसी को फायदा नहीं है। इस संकट में भी धंधा है। इसमें वैसे स्थानीय बोतलबंद पानी निर्माता भी हैं जो नल का पानी भरकर आपको उसी कीमत पर देते हैं जिस पर बड़ी कंपनियां। बहरहाल, वो मुद्दा अलग है और उनकी औकात कोयले की खदान से साइकिल पर कोयला लाद कर ले भागे मज़दूरों से अधिक नहीं। आप को एक विज्ञापन याद तो होगा, एक मशहूर कंपनी का ठंडा

वैसी जगह पर भी मिलता है, जिस वीराने में हैंडपंप तक नहीं। जी हां, हैंडपंप हो न हो, बोतलबंद पानी हर जगह मिल जाएगा। बुंदेलखंड भी इसका अपवाद नहीं है। ठंडा तो यहां है, लेकिन न पानी बचा है न यहां की पहचान रहा पान, जिसके बारे में हम आगे बात करेंगे।

आज की तारीख में बोतलबंद पानी का कारोबार डेढ़ सौ अरब का है। पानी का संकट बरकरार रहा या और बढ़ा (उम्मीद है कि बढ़ेगा ही) तो यह रकम भी 200 अरब पार कर जाएगी।

भारत जैसे देश में पानी का संकट मुनाफे के धंधे में बदलता जा रहा है। आज की तारीख में यही विकास की अविरल धारा है। साल 2002 में नेशनल वॉटर पॉलिसी में सरकार ने पानी को निजी क्षेत्र के लिये खोल दिया। इसके तहत जल संसाधन से जुड़े प्रोजेक्ट बनाने, उसके विकास और प्रबंधन में निजी क्षेत्र की भागीदारी का रास्ता खुला और उसके बाद पानी के बाज़ार में नफा कमाने की होड़ लग गई।

आज भी साढ़े सात करोड़ से ज़्यादा लोगों को पीने का साफ पानी उपलब्ध ही नहीं है। विज्ञापन कहता है कि एक खास आरओ ही सबसे शुद्ध पानी देता है। लेकिन सच यह भी है बोतलबंद पानी में भी कीटनाशक मौजूद हैं। यह बात सेंटर फॉर साइंस एंड एन्वायरमेंट की रिसर्च में सामने आई है। बोतलबंद पानी के मामले में पिछले साल मुंबई में 19 ऐसी कंपनियों पर रोक लगाई गई थी।

अनियमित होती बरसात

अवधि	असर
2004-10	सामान्य से 25 फ़ीसदी कम मानसून
2006-07	सामान्य से 43 फ़ीसदी कम मानसून
2007-08	सामान्य से 56 फ़ीसदी कम मानसून

सूखे के बीच ही एक और कड़वा सच कि एक लीटर बोतलबंद पानी तैयार करने में पांच लीटर पानी खर्च होता है।

चित्रकूट के पाठा इलाके में पानी को लेकर एक कहावत बड़ी मशहूर है;

पाठा का पानी गजब करी जाए
गगरी न टूटे खसम मरी जाए।

यानी पाठा का पानी इतना क़ीमती है कि खसम (पति) मर जाए तो मर जाए लेकिन सिर पर रखी पानी की गगरी टूटनी नहीं चाहिए। यह कहावत पाठा में पानी की उपलब्धता पर समाज की टिप्पणी है। कई परियोजनाओं के बनने और करोड़ों रुपए फूंकने के बाद आज भी चित्रकूट का पाठा इलाका प्यासा ही है।

बुंदेलखंड में चित्रकूट ज़िले का रमपुरिया-मजरा गांव समाजवादी पार्टी सरकार के दौर में लोहिया आदर्श ग्राम भी घोषित

किया गया था। कोल आदिवासियों की इस बस्ती में जनवरी-फरवरी से ही पानी की किल्लत शुरू हो जाती है। पर इस इलाके में गांव-गांव तक पानी पहुंचाने के लिए योजनाओं की कभी किल्लत नहीं रही। इनमें से पहली थी 1973 में पाठा पेयजल परियोजना, जिसकी मियाद 30 साल की थी। योजना शुरू होने के बाद तीन दशक निकल गए, लेकिन पाठा इलाका पानी की बाट जोहता रहा। रमपुरिया गांव के लोग आज भी पानी के लिए पत्थरों से रिसते पानी पर निर्भर हैं। गांववाले कहते हैं आंगनबाड़ी केंद्र में स्थित गांव के एकमात्र हैंडपंप से गंदा पानी निकलता है।

फिर 2003 में कर्बी पुनर्गठन पेयजल योजना बनी, मियाद थी 15 साल और उसके बाद तो राज्य सरकार की तरफ से मऊ पेयजल योजना और बरगढ़ पेयजल योजनाएं भी बनीं। लेकिन कागज़ों के पुलिंदे में योजनाएं बनाना एक बात है और चित्रकूट में पानी पहुंचाना बिलकुल दूसरी बात। सारी योजनाएं घोटालों की भेंट चढ़ गए। प्यासा रहना पाठा की नियति बन गई है।

केन नदी से कुछ लोग पीने के लिए पानी ढोकर ले जा रहे हैं। पानी बैलगाड़ियों से ढोया जा रहा है। किनारे गंदा पानी है, मछलियां मरी पड़ी हैं, बगल में बैल भी पानी में घुसे हैं, कुछ लोग नदी की बीच धारा से पानी लेकर आ रहे हैं। इन लोगों को लग रहा है कि शायद नदी की बीच धारा से पानी लाने पर वह साफ हो। एक ही तालाबनुमा गड्ढे से एक लड़की पानी ले जा रही है, वहीं उसके पानी

भरने की जगह पर कुछ सूअर भी घुसकर पानी पी रहे हैं।

सूखे और भुखमरी की त्रासदी से पैदा हुए आंकड़े भयावह हैं। अब तक 62 लाख से अधिक किसान (और कामगार) 'वीरों की धरती' से पलायन कर चुके हैं। साल 2005 से नवंबर 2015 तक चार हज़ार किसान आत्महत्या कर चुके हैं, वजह रही: कर्ज़। इनमें से अधिकतर फांसी के केस हैं, कुछ एक ट्रेन से कटकर और आत्मदाह में मरे।

2011 में इलाके के 13 ज़िलों में औसत से अधिक बारिश हुई थी। राज्य मौसम विज्ञान विभाग का आंकड़ा इस बात की तस्दीक करता है कि बांदा में 1 जून से 30 जून के बीच 252.4 मिमी बारिश हुई थी (यह सामान्य से 214 फ़ीसदी अधिक था) इसी अवधि में, हमीरपुर में यह बरसात 253.9 मिमी आनी औसत से 334 फ़ीसदी अधिक, जालौन में 226 मिमी (औसत से 153 फ़ीसदी अधिक) झांसी में 266.1 मिमी (औसत से 203 फ़ीसदी अधिक), और महोबा में 185.2 मिमी (औसत से 210 फ़ीसदी) बारिश हुई थी। ललितपुर में तो बाढ़ के ख़तरे की चेतावनी थी, जहां 644 मिमी बारिश हुई थी जो ज़िले में सामान्य बारिश से करीब 6 गुना (588 फ़ीसदी अधिक) थी।

बुंदेली पलायन का वैसे तो आज तक कोई सरकारी ज़मीनी सर्वे नहीं हुआ, लेकिन हर साल पल्स पोलियो अभियान के आंकड़ों से यहां के गांवों में हो रहे पलायन की तस्वीर साफ हो जाती है। अकेले बांदा से 32 हज़ार किसान दिहाड़ी मज़दूरी के लिए गुजरात के ईंट-भट्ठों में गए हैं। यह आंकड़ा सूखे की सघनता के साथ बढ़ता और घटता है। वर्ष 2015 के अक्टूबर-नवंबर में हुए पंचायत चुनाव भी किसानों को अपने गांव की तरफ़ खींच नहीं पाए थे।

हर बार का चुनाव यहां के किसानों के लिए उम्मीद की किरण लेकर आता है, लगता है कि पार्टियां सूखे और पलायन को अपना मुद्दा बनाएंगी लेकिन यह उम्मीद भी बारिश की उम्मीदों की तरह सूख जाती है।

ग़ैर-सरकारी संगठन प्रवास सोसाइटी के अनुसार, सिर्फ़ उत्तर प्रदेश के हिस्से वाले बुंदेली किसानों ने क्रिसान क्रेडिट कार्ड (केसीसी) के ज़रिए करीब छह अरब रुपए का सरकारी कर्ज़ लिया हुआ है। उधर 7,266 करोड़ का बुंदेलखंड पैकेज भी मार्च 2015 में पूरा हो चुका है, लेकिन ज़मीनी स्तर पर कोई सुधार नज़र नहीं आता। आता, तो 2011 से 2016 की स्थिति में रत्ती भर का फर्क़ तो दिखता!

इस इलाके के किसानों की दुर्दशा पर केंद्रीय मंत्रिमंडल की आंतरिक समिति ने प्रधानमंत्री कार्यालय (पीएमओ) को एक चौंकाने वाली रिपोर्ट दी थी और विकास के लिए कुछ सिफारिश

भी की थी। वैसे, स्थानीय जानकार कहते हैं कि प्रधानमंत्री मनमोहन सिंह आंतरिक समिति की रिपोर्ट पर अमल करते, तो शायद हालात पर काबू पाया जा सकता था।

हालांकि, केंद्र सरकार ने प्रधानमंत्री ग्राम सिंचाई योजना और कम ब्याज दरों पर कृषि ऋण, और फसलों का बीमा देकर एक कदम तो उठाया है, लेकिन जमीन पर इसका कितना फायदा किसानों को मिलेगा, यह आने वाले सालों में ही दिख पाएगा। खासकर बुंदेलखंड के लिहाज से इन फायदों और उसके प्रभावों पर व्यापक शोध की ज़रूरत होगी। केंद्र सरकार की एक और महत्वाकांक्षी योजना केन और बेतवा नदी को जोड़ने की है, ताकि हर खेत तक पानी पहुंच सके। केंद्रीय जल संसाधन मंत्रालय इसे शुरू करने पर जोर भी दिए हुए है लेकिन योजना जब पूरी होगा, तब तक किसानों के लिए आस की कोई डोर नहीं दिखती।

गांव के भदेस किसान मानते हैं कि नदियों को आपस में जोड़ने के बजाए यहां परंपरागत सिंचाई संसाधनों को बढ़ावा देने की ज़रूरत है, तभी पलायन और कुदरती आपदाओं से छुटकारा मिल सकता है। यहां ग्रामीण और कृषि आधारित रोज़गार की जरूरत है, ताकि पलायन रोका जा सके।

इस बार सूखा या अकाल?

बुंदेलखंड में पिछले दस-पंद्रह साल भयावह इसलिए रहे हैं क्योंकि

यह सूखा, सिर्फ़ बारिश की मात्रा में आई कमी नहीं है। यह अकाल में बदल गया है। इस अकाल का रिश्ता महज अनाज की कमी से नहीं है, बल्कि सरकारी मशीनरी में संवेदनाओं के सूखे से भी है। यह जनता को लेकर संवेदनशील रवैए का अकाल है।

पंद्रह साल पहले तक बुंदेलखंड में 54 दिन बरसात होती थी। लेकिन अब बरसात के ये 54 दिन घटकर 20 हो गए हैं। यानी बरसात अब मूसलाधार होती है। खेती के लिए यह ठीक नहीं।

बुंदेलखंड का अधिकतर इलाका गैर-सिंचित है और परंपरागत रूप से खेती वर्षा पर आधारित रही है। यहां उगाई जाने वाली फसलों में विविधता रही है। हालांकि जानकारों ने यहां की स्थलाकृति को हमेशा जटिल, कम निवेश वाला, और जोखिम भरा माना है। वर्षा सिंचित क्षेत्र प्राधिकरण (रेनफेड एरिया अथॉरिटी) के सीईओ जे. एस. सामरा ने साल 2009 में बुंदेलखंड सूखा राहत रणनीति में कहा कि सूखा, कम अवधि वाली बरसात, और मैदानों में आने वाली बाढ़ ने सदियों से यहां अनिश्चितता को जन्म दिया है और यहां मौसमी पलायन होता रहा है। अर्ध-शुष्क इलाकों में पानी की भारी कमी, मिट्टी की खराब गुणवत्ता और कम उत्पादकता ने इस इलाके में खाद्य सुरक्षा को पिछले 30 साल में और अधिक संगीन बनाया है।

मिसाल के तौर पर इस इलाके ने 1873-74 में एक बहुत भयावह अकाल झेला था। 1896-97 में पूरे भारत में अकाल की छाया पड़ी थी, लेकिन इसकी शुरुआत बुंदेलखंड में एक साल पहले 1895

में हो चुकी थी। फिर यह देश के कई हिस्सों में फैल गया, जिनमें संयुक्त प्रांत, बरार का केंद्रीय प्रांत, बिहार, बंबई और मद्रास प्रेसीडेंसी के इलाके, और पंजाब का हिसार ज़िला शामिल था। राजपूताना नाम के रजवाड़े, सेंट्रल इंडिया एजेंसी और हैदराबाद पर भी इस अकाल का असर था। असल में, 1895 में ग्रीष्मकालीन खराब मानसून ने बुंदेलखंड में इस अकाल की शुरुआत की थी। 1896 में, जाड़े का मानसून भी खराब साबित हुआ। इससे 1895 की खरीफ के बाद 1986 में रबी की फसल भी खराब हो गई। ब्रिटिश भारत के गजट (खंड III, 1907, पृष्ठ 490-91) में उल्लेख है कि जाड़े के मानसून के खराब होते ही, प्रांतीय सरकार 1896 की शुरुआत में अकाल की घोषणा कर दी थी।

फिर 1905-06 में बंबई और बुंदेलखंड प्रांत भयानक अकाल और हैजे से त्रस्त हो उठे थे। दस्तावेज़ बताते हैं कि 18वीं और 19वीं सदी के 200 वर्षों में इस इलाके में 12 साल सूखे के थे। यानी इन दो सौ सालों के दौरान औसतन हर 16वें साल एक भयानक सूखा पड़ता था। लेकिन यह गिनती 1968-92 में बढ़कर तिगुनी हो गई है। यानी, अब हर पांचवें साल पर यह इलाका बड़ा सूखा झेलता है।

बुंदेलखंड के उत्तर प्रदेश के सात ज़िलों की बारिश की मात्रा बताती है कि स्थितियां बद से बदतर होती जा रही हैं। साल 2002-03 में मध्य प्रदेश छह और उत्तर प्रदेश के तीन ज़िले सूखे से

उत्तर प्रदेश के बुंदेलखंड में विशिष्ट मंडियों की लागत

कुल लागत 691.50 करोड़ रुपए

ललितपुर	66 करोड़
बांदा	63.46 करोड़
महोबा	55.66 करोड़
हमीरपुर	58.40 करोड़
जालौन	62.86 करोड़
झांसी	63.52 करोड़
चित्रकूट	64.02 करोड़

133 ग्रामीण अवस्थापना केन्द्रों की कुल लागत- 254.45 करोड़

प्रभावित थे।

साल 2007-08 में इस दौरान इलाके में महज 24 सेंटीमीटर बारिश ही हुई। नतीजा: इलाके में मौसमजनित अकाल ने भयावह रूप अख़्तियार कर लिया। साल 2009 में मध्य प्रदेश वाले बुंदेलखंड के सभी छह और यूपी बुंदेलखंड के पांच ज़िले सूखे की चपेट में आए थे।

पानी की समस्या से निजात पाने के लिए ही बड़े किसान ट्यूब वेल का सहारा लेने लगे हैं। लेकिन पथरीली ज़मीन के कठोर चट्टानों का सीना छेदना भी बेहद मुश्किल और खर्चीला है। इसके अलावा ट्यूब-वेलों के बढ़ते चलन से भूमिगत जल का दोहन बढ़ता गया और अब यह जलस्तर ख़तरनाक तरीके से नीचे जा रहा है और बारिश की कमी से भूमिगत जलस्तर रिचार्ज नहीं हो पा रहा है।

अब यह कुदरत का कहर है या धरती के भीतर से लगातार खींचे

जा रहे पानी की वजह, बुंदेलखंड में धरती कई जगहों पर फट पड़ी है। सूखे के बाद कुदरत का ये एक और क़हर बुंदेलखंड के लोगों को डरा रहा है।

सच तो यही है कि 7,266 करोड़ रुपए के बुंदेलखंड पैकेज से इलाके में कुछ भी नहीं बदला है। समस्या जस की तस है। यह तथ्य इस समस्या को भयावह बनाता है कि बुंदेलखंड की आबादी का 79.1 फ़ीसदी (2011 की जनगणना के मुताबिक) ग्रामीण इलाकों में रहता है, और इन इलाकों में कुल आबादी का एक तिहाई हिस्सा गरीबी रेखा के नीचे रहने वाला (बीपीएल) है। खेती और रोज़गार के सिमटते जाने से गरीबी की समस्या ज़्यादा विकराल हुई है।

बेपानी होता पान

राष्ट्रीय आपदा प्रबंधन संस्थान ने सूखे की एक समग्र तस्वीर दी है ताकि यह समझा जा सके कि आखिर इस इलाके को साल-दर-साल सूखा क्यों झेलना पड़ता है। अध्ययन के मुताबिक, यहां सूखे की वजह सिर्फ़ मौसमी नहीं है, बल्कि यह मानव-जनित भी है।

एनआईडीएम ने यह अध्ययन भारतीय सामाजिक विज्ञान शोध परिषद (आईसीएसएसआर) के साथ मिलकर किया है ताकि बुंदेलखंड में सूखा कम या ख़त्म करने की रणनीति पर विचार किया जा सके और इसी क्रम में आगे की रणनीति बनाने में मदद मिल सके।

इस रिपोर्ट में कई समस्याओं की तरफ़ इशारा किया गया है। इस

रिपोर्ट में तीन तरह के सूखे का ज़िक्र है- मौसमी, कृषि, और जलीय। इस रिपोर्ट के मुताबिक, विभिन्न किस्म के सूखों में एक तरह की असंगति है।

पहली किस्म में, बरसात के बेहद कम होने से मौसमी (मौसमजनित) सूखा पड़ता है। इससे कृषि सूखा होने की स्थितियां पैदा होती हैं, क्योंकि भारत के ज़्यादातर इलाक़ों की तरह बुंदेलखंड में खेती बरसात पर ही निर्भर है। अगर, मौसमजनित सूखा दूसरे साल भी जारी रहता है तो जलीय सूखा शुरू हो जाता है। इसमें पानी की उपलब्धता औसत से कम हो जाती है।

बुंदेलखंड की स्थिति यह है कि यहां कई बार भारी बारिश के बावजूद पानी और खासकर पेयजल का संकट दिखता है जैसे कि 2011 में हुआ था। ऐसा प्रशासनिक व्यवस्थाओं की नाकामी की वजह से हुआ था।

बदलते मौसमों के दौर में

लेकिन, यह बात भी माननी होगी, और मौसम वैज्ञानिक मानते भी हैं कि बुंदेली भौगोलिक इलाके में बारिश के पैटर्न के साथ-साथ जलवायविक पैटर्न में भी बदलाव आ गया है।

मध्य प्रदेश वाले बुंदेलखंड में मौसमी बदलावों का प्रभाव साफ तौर पर दिख रहा है। पिछले सात साल से इलाके में पान की खेती करने वाले किसान बेहद दबाव में हैं। वाटर एड की रिपोर्ट के

अनुसार, मौसमी बदलाव ने कृषि आधारित उनकी आजीविका और खाद्य उत्पादन में 58 प्रतिशत की कमी ला दी है।

वर्षा आधारित क्षेत्रों पर गठित जे.एस. सामरा वर्मा की अगुआई वाले केंद्रीय प्राधिकरण की अंतर-मंत्रालयी केंद्रीय टीम की रिपोर्ट कहती है कि अंचल के 40 फ़ीसदी खेत बिना फसल के खाली हैं, और खाद्यान्न उत्पादन 30 फ़ीसदी या इससे नीचे तक गिर चुका है। स्थानीय समुदाय की आय के प्रमुख स्रोत रहे 20 लाख से ज़्यादा पशुधन को खुला छोड़ दिया गया है, इसे यहां अन्ना प्रथा कहते हैं। मध्य प्रदेश के हिस्से में पड़ने वाले बुंदेलखंड का ज़िक्र करते हुए इसका कहना है कि लगातार सूखे और रोज़गार के साधनों के अभाव में इलाके की 40 फीसदी आबादी पलायन कर चुकी है। यह आंकड़ा 2003 में पलायन करने वालों की संख्या का दो गुना है।

एक समय मध्य प्रदेश वाले बुंदेलखंड का इलाका मध्य प्रदेश के कुल खाद्यान्न उत्पादन के तकरीबन 15 फीसदी हिस्से की पूर्ति करता था जो अब घटकर केवल सात फ़ीसदी तक रह गया है।

खाद्यान्नों के मामले में कभी एक सुरक्षित क्षेत्र रहा बुंदेलखंड अब मौसमी बदलावों के कारण असुरक्षा और पलायन का प्रतीक बनकर रह गया है। आजीविका के कई साधन जैसे मछलीपालन, सब्ज़ी उत्पादन, और परंपरागत पान की खेती इस समय अपने सबसे मुश्किल दौर से गुज़र रही है। यह नौबत सिर्फ़ जलवायु

संबंधी कारणों से ही नहीं, बल्कि लोगों के गैर-ज़िम्मेदाराना व्यवहार और राज्य सरकार की नीतियों के कारण भी आई है।

अंचल में हर साल 20 फरवरी से 20 मार्च के बीच पान बोया जाता है। अच्छी फसल के लिए अगले तीन माह के दौरान तापमान 30 डिग्री से ज़्यादा नहीं होना चाहिए। पान की फसल को तेज़ धूप से बचाने के लिए किसानों को खेत पर सरकंडों से अस्थायी छायादार शेड का इंतज़ाम करना पड़ता है।

गौरी ने कहा कि उसने तब पान बोया था, जब पारा 35 डिग्री को छू रहा था। पुरानी पीढ़ी ने इससे पहले ऐसी स्थिति कभी नहीं देखी।

हालत ऐसी है कि अब ठंड के मौसम में भी गरमी रहती है। जनवरी 2009 में, 16 दिनों तक औसत तापमान सामान्य और 3-4 डिग्री अधिक दर्ज किया गया, जो गेहूं की फसल के लिए कत्तई अनुकूल नहीं है। ऐसे गरम मौसम के कारण ज़्यादा उत्पादन देने वाली गेहूं की कई किस्में भी समय से पहले ही पक गईं। इससे 36 लाख हेक्टेयर में 66 लाख मीट्रिक टन गेहूं उत्पादन करने का मध्य प्रदेश सरकार का पूर्वानुमान 58 लाख मीट्रिक टन के स्तर पर आकर ठहरा गया।

इस स्थिति को सिर्फ़ मौसम विज्ञान का एक मसला मानकर यूं ही हवा में नहीं उड़ाया जा सकता। यह उस राजनीतिक अर्थव्यवस्था के तहत एक आपात परिस्थिति है, जो बच्चों, महिलाओं, पुरुषों,

- उत्तर प्रदेश बुंदेलखंड में औसत बारिश 876.1 मिमी है। मध्य प्रदेश वाले हिस्से में बरसात का औसत 990.9 मिली है। यानी, उप्र वाले बुंदेलखंड से 13 फ़ीसदी अधिक।

- 2004-05 में उप्र बुंदेलखंड में 25 फ़ीसदी, 2005-06 में 33 फ़ीसदी कम बरसात हुई। 2006-07 में यह कमी 45 फ़ीसदी और 2007-08 में 56 फ़ीसदी हो गई।

- मप्र बुंदेलखंड में, 2004-05 और 2005-06 में टीकमगढ़ और दतिया ज़िले को छोड़कर बरसात अमूमन सामान्य रही थी।

- 2006-07 में इलाके में छह में से पांच ज़िलों में बारिश में 37 फ़ीसदी कमी दर्ज की गई, और पूरे इलाके को कुल मिलाकर यह आंकड़ा 27-47 फ़ीसदी की हद तक था। 2007-08 में कुल कमी 46 फ़ीसदी थी। इसके साथ ही, 2010 में अगला सूखा पड़ा, 2011 में बाढ़ आई, 2012 में मानसून देर और कम रहा और ऐसा ही 2013 में भी हुआ।

मवेशियों, पेड़-पौधों, नदियों, सब्ज़ियों और पान के पत्ते तक को प्रभावित कर रहा है।

हालांकि समस्या को देखने का एक दूसरा नज़रिया भी है। मसलन, पलायन को 'विकास और इंसानी गतिशीलता' के सिद्धांत से जोड़कर देखा जा रहा है। कुछ जानकारों का मानना है कि लोग इसलिए पलायन कर रहे हैं, क्योंकि उनके सामने रोज़गार और मौके उपलब्ध हो रहे हैं, जबकि कुछ का कहना है, ये हालात बुंदेलखंड के लोगों की ज़िंदगी बदलने वाले हैं। लेकिन अंचल के लोगों के लिए पलायन एक आखिरी विकल्प है!

राहत के सूखे हुए चेक

बुंदेलखंड को मिले केंद्र सरकार के पैकेज को ज़मीनी स्तर पर खर्च करने का ज़िम्मा राज्य सरकार का था। राज्य सरकार का रुख सिर्फ़ एक मिसाल से बखूबी पता लग जाएगा। बुंदेलखंड पैकेज में से नेशनल रेनफेड एरिया अथॉरिटी ने सूखा रोकने की अपनी रणनीति के लिए खर्चों की घोषणा साल 2007 में ही कर दी थी। साल 2012 तक, कुल आवंटित 1005 करोड़ रुपयों की रकम में से महज 179 करोड़ ही खर्च हो पाए थे। यानी कुल आवंटन का महज 18 फीसदी।

31 मार्च, 2013 तक मध्य प्रदेश ने कुल आवंटन का 58.4 फ़ीसदी और उत्तर प्रदेश ने 43.89 फीसदी ही खर्च किया था।

पैकेज के तहत साल 2013-14 में 1400 करोड़ रुपए का आवंटन हुआ था, यह खर्च किस तरह और कहां हुआ है, इसके बारे में हिसाब आना बाकी है।

स्थानीय पत्रकार हेमराज कश्यप और सामाजिक कार्यकर्ता पुष्पेन्द्र भाई पैकेज के हिसाब को लेकर कुछ आंकड़े पेश करते हैं। पुष्पेन्द्र कहते हैं, पैकेज के पैसे की भारी लूट-खसोट हुई। ग्रामीण अवस्थापना के नाम पर गांवों में मंडियां बनीं और हर ज़िले में विशिष्ट मंडी बनाई गई। यह सब एक खास नेता के चुनिंदा इलाके में हुआ। इन मंडियों के निर्माण में भारी अनियमितता भी बरती गई और मंडियों के निर्माण का मकसद क्या था यह भी साफ नहीं हो पाया। इसकी मिसाल है चित्रकूट के कर्वी की विशिष्ट मंडी, जो पहले से मौजूद पुरानी और ठीक-ठाक मंडी की इमारत को तोड़कर बना दी गई है। पैकेज आने से पहले उसे ए श्रेणी की मंडी बनाने के लिए लाखों रुपए खर्च किए जा चुके थे। कर्वी की इस नई विशिष्ट मंडी को बनाने में करोड़ों की लागत आई।

बात सिर्फ कर्वी की ही नहीं है। मीडियो रिपोर्टों के मुताबिक, सात ज़िलों में सात विशिष्ट मंडियां बनाने में कुल 691.50 करोड़ की रकम खर्च की गई।

लेकिन इन ग्रामीण मंडियों में आख़िरी बार चहल-पहल इसके उद्घाटन के मौके पर देखी गई और उसके बाद से यहां परिंदा भी पर नहीं मारता। हां, कुछ भैंसे ज़रूर चरती नज़र आती हैं।

स्थानीय पत्रकार हेमराज कश्यप कहते हैं, 'इन मंडियों को ग्रामीणों की पहुंच से दूर निर्जन इलाकों में बनाया गया है। यह तो महज खानापूर्ति है। ऐसे इलाके में कारोबार करने कौन आएगा भला?'

ज़्यादातर मंडियों में ताला जड़ा है। हेमराज कहते भी हैं, जब इलाके में कुछ पैदावार ही नहीं होती तो आख़िर मंडियों में बेचा क्या जाएगा? इससे तो अच्छा है कि इन मंडियों को अन्ना प्रथा की वजह से आवारा घूमते पशुओं के लिए खोल दिया जाए।

हालांकि, उत्तर प्रदेश सरकार ने 2002 में ही सूखे की स्थिति से निपटने के लिए सूखा राहत अभियान शुरू किया था और किसानों को इसके लिए मुआवज़ा भी दिया था। लेकिन इसने किसानों के ज़ख्मों पर नमक छिड़कने का ही काम किया। 10 बीघे के काश्तकार के लिए सूखा राहत की रकम 12 रुपए थी। यह मज़ाक लग सकता है, लेकिन सरकार इस पर गंभीर थी। उसने किसानों को बारह, पंद्रह, सत्ताईस, तीस और ऊनतालीस रुपए के चेक दिए हैं। इन चेकों को भुनाने के लिए बैंक में खाता होना ज़रूरी था है, और खाता खुलवाने के लिए कम से कम पांच सौ रुपए का खर्च आता था (यह चेक तब मिले थे, जब लोगों के जन-धन खाते नहीं खुले थे और मुआवज़े राज्य सरकार ने दिए थे)।

नौगंवा के सुशील कुमार, एक मंझोले किसान हैं। उनके तीन भाइयों को सरकार ने 30-30 रुपए के चेक दिए। चेक तुलसी बैंक

का है। सुशील और उनके भाइयों ने इन चेकों को अभी तक बचाकर रखा है। सुशील कहते हैं, ये राज्य सरकार ने हमारे साथ अच्छा मज़ाक किया है, सूखा राहत के नाम पर।

लेकिन बुंदेलखंड में सूखे से राहत पाना कोई मज़ाक नहीं है।

वृक्षारोपणःपैसे उगाने की योजना

देश की आजादी के वक़्त बुंदेलखंड के इलाके में वन भूमि कुल भौगोलिक क्षेत्रफल का 57 फ़ीसदी हुआ करती थी। छह दशक बाद वन विभाग के औपचारिक आंकड़े बुंदेलखंड के इलाके में सवा फ़ीसदी जंगल होने की बात स्वीकारते हैं। और ये सवा प्रतिशत जंगल भी झाड़ी वाले खुले जंगल हैं।

तरक़्क़ी का जो मॉडल हमने अपना रखा है हम प्रकृति से सिर्फ़ लेते ही हैं, उसको वापस कुछ नहीं करते, उसने बुंदेल समाज से जंगल और तालाब छीन लिए हैं। ऐसा नहीं है कि राज्य सरकार ने इस दिशा में सुधार की अनदेखी की हो। लेकिन सरकारी मशीनरी इन योजनाओं का तिया-पांचा कैसे करती है, इसकी मिसाल है उत्तर प्रदेश बुंदेलखंड की वृक्षारोपण योजना।

2008 में यूपी सरकार ने 10 करोड़ पेड़ लगाने की योजना बनाई। पेड़ लगाने के काम में वन विभाग के साथ-साथ विद्युत विभाग, पीडब्ल्यूडी, सिंचाई विभाग, ग्राम पंचायतें, नगर पंचायतें और निजी ठेकेदार लगे। हर पेड़ की लागत बैठी तक़रीबन छह सौ

रुपए, पैसा मनरेगा और वन विभाग का था। लेकिन बुंदेलखंड में वो 10 करोड़ पौधे कहीं नहीं दिखते।

बांदा के चरखारी प्रखंड में इस वृक्षारोपण की मॉनीटरिंग करने वाली संस्था उर्मिल सेवा आश्रम के पी.के. सिंह कहते हैं कि उन्हें ज़्यादातर पौधे पॉलीथीन बैग समेत ही मिले, उन पर मिट्टी डालने की ज़हमत भी नहीं उठाई गई थी, उन्हें यूं ही गड्ढों में फेंक दिया गया था।

पेड़ लगाने की जो कला बुंदेलखंड में अपनाई गई, उनसे पेड़ नहीं लगते। हां, गबन के इस पेड़ में खूब पैसे ज़रूर फलते हैं।

नए समाज और नई सोच ने पुराने उपायों को हाशिए पर धकेल दिया। तकनीक और मशीनों से पानी की अबाध आपूर्ति के दावे और वायदे किए गए, रुपए झोंके गए। लेकिन गांवों और कस्बों की कौन कहे झांसी और बांदा जैसे बड़े शहरों की नलों में बहने वाला सन्नाटा इस वादे और दावे पर सबसे मुखर टिप्पणी है।

सूखे की वजह से पूरे बुंदेलखंड के करीब 2 लाख 80 हज़ार कुओं में से अधिकतर बेकार पड़ गए हैं। हालांकि, कुछ खर्च से उन्हें फिर से इस्तेमाल के लायक बनाया जा सकता है। लेकिन, ठेकेदारों और अधिकारियों के लिए नए कुएं-तालाब खुदवाना फायदे का सौदा होता है।

कुलपहाड़ तहसील के बरजोरा करन के पास इसकी एक कहानी है। बुंदेलखंड में सरकार की 30,000 कुएं खोदने की योजना के तहत बरजोरा करन की ज़मीन में भी एक कुआं खोदने को मंजूरी

मिली। लेकिन उससे पानी नहीं निकला, क्योंकि बरजोरा करन के बेटे ने 5 हज़ार की रिश्वत देने से इन्कार कर दिया था।

ठेकेदार ने उनके पहले से ही खुदे हुए सूखे कुएं में थोड़ी खुदाई कर दी, और फिर उसे वैसे ही छोड़ गए। बरजोरा के भाई इस समझौते के लिए तैयार थे, ऐसे में थोड़ी ही दूर पर उनके खेत में खुदे कुएं में पानी निकल आया।

इलाके में ऐसी गड़बड़ियों की कहानी उसी तरह अनंत है, जैसे सूखे से होने वाली तबाही की कहानी। राज्य सरकार की योजना थी, 30 हज़ार तालाब खुदवाने की। नारा था, खेत का पानी खेत में। इसके तहत ठेकेदारों के ज़रिए मॉडल तालाब खुदवाए गए।

इन मॉडल तालाबों के चारों ओर बाड़ लगी है। तर्क यह था कि इससे तालाबों के किनारे लगाए गए पेड़ सुरक्षित रहेंगे। लेकिन बाड़ से घिरी इस ज़मीन से पेड़ भी नदारद हैं और पानी भी। अगर वहां मॉडल तालाब का साइन बोर्ड न लगा हो इस ज़मीन को एक तालाब कहना मुश्किल है।

इस तरह की आधी-अधूरी और लापरवाही से नाकारा बन गई योजनाएं जले पर नमक की तरह हैं और किसानों की मुश्किलें और बढ़ाती हैं। मसलन ज़मीन में खुदा हुआ एक सूखा कुआं सिर्फ़ पानी की कमी को बरकरार ही नहीं रखता, ज़मीन के उस हिस्से को खेती और दूसरे कामों के लायक नहीं रहने देता। और बुंदेलखंड में योजनाओं के ऐसे हश्र की कमी नहीं है। 'खेत का पानी खेत में'

के नारे ने कई छोटे किसानों के खेत छीन लिए। तालाब खुदवाने के दौरान स्थानीय लोगों के तजुरबे को तवज्जो नहीं दी गई और मनमाने तरीके से सबसे ऊंची ज़मीन पर तालाब खोद डाले गए। अब नतीजा यह है कि ये तालाब बारिश का पानी मापने के कटोरे बनकर रह गए हैं, जिस ज़मीन पर वह बने हैं वह खेती के लायक नहीं रह गई है।

इंसान बनाम कुदरत बनाम कुशासन

एक नज़रिया सूखे और अकाल की स्थिति को पारंपरिक खेती की जगह हाइब्रिड बीजों के इस्तेमाल या रासायनिक खादों के इस्तेमाल से भी जोड़ता है।

सूखती बालियां धान की

बांदा ज़िले में ही अतर्रा एक छोटा रेलवे स्टेशन है। स्टेशन में त्योहारों का मौसम छोड़ दें तो आने वालों के मुकाबले जाने वाले मुसाफिर ज़्यादा होते हैं। लोग घरबार छोड़ कर रोज़ी-रोटी की तलाश में बड़े शहरों की ओर कूच कर रहे होते हैं। पृष्ठभूमि में चावल मिलों की ऊंची-ऊंची चिमनियां दिखती हैं। चिमनियों से धुआं नहीं निकलता, मिल की मशीनों को खामोश हुए दशक पूरा होने को है। पानी की कमी ने अतर्रा इलाके को बदल डाला है। अतर्रा डेढ़ दशक पहले तक एशिया की दूसरी सबसे बड़ी धानमंडी हुआ करती थी। उस वक्त तक यहां चावल की 37 मिलें हुआ करती थीं। लेकिन आज

की तारीख में सारी की सारी बंद हो चुकी हैं।

बारिश की कमी ने यहां खेती का पैटर्न बदल दिया है। चावल मिलों के कच्चे माल यानी धान का उत्पादन यहां बेहद घट कर, पहले की तुलना में महज 30 फ़ीसदी ही रह गया है। अतर्रा का मशहूर सेला चावल बीते दिनों की बात हो गई है। यहां के किसान पुराने जमाने की शरबती और ऐसी ही दुर्लभ धान की नस्लों को याद कर आहें भरते हैं। अतर्रा की चावल मिलों के सारे पल्लेदार (चावल मिलों में काम करने वाले) बेरोज़गार हो गए हैं।

सितंबर की बारिश खरीफ के पकने और रबी की बुआई के लिए बहुत महत्वपूर्ण होती है। लेकिन बारिश अगर देर से हो या उसकी अवधि कम हो तो दोनों फसलों पर असर पड़ता है, खासकर धान की फसल पर।

सूखे ने किस तरह बुंदेलखंड की कृषि को बदल दिया है, इस पर बहुत गौर से ध्यान देने की ज़रूरत है। एक अंग्रेज़ी अखबार में खबर छपी कि 2003-10 के बीच और दोबारा 2014 में आए इस सूखे ने किसानों को अपनी खेती का पैटर्न बदलने पर मजबूर कर दिया है। किसान जहां, दाल और मोटे अनाज बोते थे, जो खरीफ (जुलाई-सितंबर) की फसल थी, और मानसून की बारिश पर निर्भर थी, उसकी बजाय अब वो जाड़े (नवंबर-अप्रैल) की रबी फसल (गेहूं) पर ज़ोर देने लगे हैं और उसके साथ चने और सरसों जैसी नकदी फसलें भी उगाने लगे हैं।

इससे उप्र के बुंदेलखंड में बोई गई गेहूं की फसल के कुल क्षेत्रफल में 60 फ़ीसदी का उछाल आया। यह 2007-08 में 5,50,000 हेक्टेयर था जो 2013-14 में बढ़कर 8,77,000 हेक्टेयर हो गया। इसका मतलब हुआ कि आज की तारीख में वर्षा आधारित खरीफ नहीं, बल्कि सिंचाई आधारित रबी बुंदेलखंड का मुख्य खेतिहर मौसम हो गया है।

किसानों के पास यही एकमात्र विकल्प था।

लेकिन यह विकल्प भी कुछ कारगर साबित न हुआ। 2014 में, और फिर 2015 में भी, फरवरी के आखिर से लेकर मार्च तक पड़े ओलों और बरसात ने रबी की फसल को तबाह कर दिया।

2014 की खरीफ फसल सूखे से, 2015 की रबी ओले और गैर-मौसमी बरसात से तबाह हुई। यह फसलों की लगातार तीसरी तबाही थी।

और आख़िरी क़िस्सा

बांदा ज़िले में ही सूखे की कहानी का यह सबसे बुरा क़िस्सा है। गांव में सारे पानी के स्रोत सूख गए। ट्यूबवेल वाले एक धनी-मानी घर को छोड़कर, गांव में सिर्फ़ एक गंदा-सा तालाब बचा था, जिसके पानी के लिए भी मारा-मारी रहती थी।

ट्यूबवेल वाले घर के पास ही रहती थी वह महिला। पड़ोस से जेट पंप से पानी लेना आसान भी था और साफ पानी भी मिल जाता

था। लेकिन एक दिन उस घर के एक युवक ने महिला को छेड़ दिया। महिला चुपचाप चली आई। तीन-चार दिन वह पड़ोसी के घर पानी लेने नहीं गई। लेकिन दूसरा कोई रास्ता न था। उसे पानी लेने दोबारा उस घर में जाना ही पड़ा। हालांकि, इस बार उसके साथ पिछली बार से भी ज़्यादा बुरा हुआ।

उस युवक ने महिला के साथ बलात्कार कर दिया। इस ख़बर ने बुंदेलखंड के लोगों को आंदोलित कर दिया, कई संस्थाओं ने इस ख़बर के बाद पहल की, कई जलप्रहरी आगे आए, और ललकार आई:

सूखत सब जल स्रोत इत, बूंद चली पाताल,
पानी मोलै आबरु, उठो बुंदेली लाल

उठो बुंदेली लाल

बुंदेले उठ खड़े हो रहे हैं। बुंदेलखंड की समस्याओं के समाधान में, जिस क्षेत्र में और जिस काम में सरकारी मशीनरी नाकाम रही, वहीं कुछ लोगों के व्यक्तिगत प्रयासों ने साबित किया कि हिम्मत और लगन हो, इच्छा हो तो कोई भी काम नामुमकिन नहीं रहता।

हालांकि, इन व्यक्तिगत प्रयासों से बुंदेलखंड की हर समस्या का स्थायी समाधान मुमकिन नहीं, लेकिन ये प्रयास उम्मीद जगाते हैं और नई राह दिखाते हैं।

नई राह दिखाने वाली शख्सियतों में से एक हैं नीतू सक्सेना। देखने में दुबली-पतली मगर फौलादी इरादों वाली नीतू ने अपने

आस-पास आत्महत्याओं का दौर देखा। खुद उनके पिता पर करीब पांच लाख रुपए का कर्ज़ था। पिता की मानसिक हालात का अंदाज़ा नीतू को हो चुका था, उनको खोने की आशंका ने एमए कर चुकी नीतू में एक नई राह चुनने की इच्छा जगाई।

नीतू सक्सेना ने अपनी सहेलियों रीना और गुड़िया परिहार के साथ अपने गांव के घर-घर जाकर कर्ज़दारों की सूची बनानी शुरू की। उनके गांव में छह परिवार ऐसे थे, जो भुखमरी के शिकार हो चले थे। नीतू के पिता को पहले तो लड़कियों का यह काम अजीब लगा, लेकिन बाद में उन्होंने भी उनका साथ दिया। नीतू के पिता ने भुखमरी के शिकार परिवारों के लिए खाना भिजवाना शुरू किया, वो भी चोरी-छिपे ताकि गांव के लोग न जानें। गांव में सामाजिक तौर पर किसान के लिए इज़्ज़त बड़ी चीज़ है।

लेकिन खाना भिजवाना कोई दीर्घकालिक समाधान न था। नीतू ने महिलाओं को दादरा यानी गाने-बजाने के लिए बुलावा भिजवाया। बुंदेलखंड इलाके में खुशी के मौकों पर नाच-गाने की परंपरा दादरा कहलाती है और दादरा के दौरान आखत की परंपरा है। आखत यानी दादरा के लिए आने वाली महिलाएं अपने साथ सीधा यानी आटा, चावल या अनाज लाकर इकट्ठा करती हैं, जो बुलावा देने वाले नाई का होता है। लेकिन यहीं नीतू ने एक छोटा-सा बदलाव किया।

आखत में आने वाले अनाज को इकट्ठा कर नीतू ने भूखे परिवारों

में बांट दिया। नीतू का यह प्रयास आज तीन-चार ज़िलों के अट्ठावन गांवों में फैल चुका है। नीतू सक्सेना और परिहार बहनें सिर्फ़ अनाज बांट कर ही चुप नहीं बैठी। उन्होंने महिलाओं को साथ लेकर आसपास के नलों के पास बेकार पड़े पानी को जमा करने के लिए वाटर रिचार्ज पिट बनाए। इससे सूखे पड़े नल भी जी उठे।

नीतू की कहानी बताती है कि दरअसल बुंदेलखंड को ईमानदार कोशिशों की ज़रूरत है। साफ-सुथरी सरकारी मशीनरी अगर आम लोगों को साथ लेकर कोशिश करे तो सूखता जा रहा बुंदेलखंड शायद फिर जी उठे।

संकट के समय समाज में एक दूसरे का साथ निभाने की हमारी परंपराएं पूंजी की तरह थीं। संवेदना की इस पूंजी के सहारे हमने कई बड़े संकट पार किए हैं। संवेदना के रिचार्ज पिट बनाए जाएं तो मशीनरी में आए ईमानदारी के सूखे पड़े नल भी शायद जी उठें।

कूनो पालपुर

वन, वनवासी, विस्थापित

"...तब न धरती थी, न आसमान। ब्रह्मा, विष्णु और महेश—ये त्रिदेव मिलकर सृष्टि रच ही रहे थे। इनमें से महादेव थे वनस्पतियों और पशुओं के देवता, जिन्होंने धरती पर लोगों के भोजन और आवास की समस्या के समाधान के लिए मानवों को खेती की तकनीक सिखानी चाही। महादेव ने इसके लिए एक हल बनाया और अपने नंदी बैल को उसमें जोतकर धरती पर ले आए।

लेकिन, तब तक धरती पर चारों तरफ घने जंगल उग आए थे और शिवजी ने देखा कि यहां तो खेती हो ही नहीं सकती। तो उन्होंने एक और इंसान बनाया, जिसे उन्होंने सवर नाम दिया। महादेव ने सवर को जंगल साफ करने के लिए कुल्हाड़ी दी और नंदी को वहीं छोड़कर हल के लिए दूसरा बैल लेने चले गए। जंगल तो साफ करने के बाद सवर को बहुत भूख लगी। लेकिन वहां खाने के लिए कुछ था ही नहीं, तो सवर ने आव न देखा ताव, नंदी को ही मारकर खा गया।

सवर ने नंदी का मांस सागवान के पत्तों पर खाया था इसलिए आज भी सागवान के कोमल पत्तों को जब मसला जाता है तो उससे खून का लाल रंग निकलता है।

उधर, महादेव जब वापस आए, तो जंगल साफ देखकर बहुत प्रसन्न हुए।

प्रसन्न महादेव ने सवर को जंगल से मिलने वाली खाद्य सामग्री, जड़ों, कंद-मूल-फल और औषधियों का ज्ञान दिया। लेकिन जब

नंदी उन्हें नहीं दिखा, तो महादेव शिव उसे खोजने लगे। महादेव को नंदी का बस कंकाल ही मिला। वैसे तो महादेव ने अमृत छिड़ककर नंदी को दोबारा ज़िंदा कर लिया, लेकिन यह जानकर उनके क्रोध का पारावार न रहा कि नंदी को सवर ने ही मारा था।

उन्होंने सवर को शाप दिया कि तुम हमेशा इसी तरह असभ्य बने रहोगे। हमेशा ऐसी ही गरीबी की स्थिति में जंगल में रहोगे और तुम्हें कभी भरपेट भोजन नहीं मिलेगा।"

चाय की आख़िरी चुस्की के साथ क़िस्सा कहते-कहते टिकटोली गांव में रंगू की आंखें भर आती हैं। "पुराणों और शास्त्रों में जो लिखा है वह कभी झूठ नहीं हो सकता, आज भी हम लोग दोनों जून भरपेट नहीं खा सकते, रंगू का गला रुंध जाता है। अर्थ को धर्म से जोड़कर ऐसी सोच हमारी व्यवस्था ने सदियों से ऐसे वंचितों और कमज़ोरों के मन में बिठा दी है कि शोषितों को अपनी हाल पर संतोष करना, छाती पर पत्थर रखकर सब सह जाने को कहना, क्योंकि यह उनकी किस्मत में लिखा है! रंगू भी उसी समुदाय का है जिसके पितृपुरुष सवर थे, और सवर के ही वंशज सहरिया कहलाए।

कूनो-पालपुर के जंगलों के सरहदी इलाके में बसे टिकटोली गांव में यह किस्सा सदियों से चला आ रहा है जो रंगू को शायद उसके पिता ने और उसके पिता को भी उनके पुरखों ने सुनाई होगी।

टिकटोली गांव जंगल के जिस इलाके में है, तकनीकी भाषा में

इसे बफ़र ज़ोन कहते हैं। मतलब कि यह अभयारण्य का वह हिस्सा है जहां सीमित मानवीय गतिविधियों की छूट दी गई है। खबर है कि टिकटोली गांव को भी यहां से हटाया जाएगा और रंगू के दुख की कई वजहों में से यह भी एक वजह है।

असल में राज्य सरकार सिंचाई के लिए यहां कूनो नदी पर एक बांध बनाना चाहती है। अगर यह योजना लागू हो गई तो इस बांध की ज़द में दस गांवों की 1220 हेक्टेयर ज़मीन डूब जाएगी। इसका मतलब हुआ कि इन दस गांवों को विस्थापित करना होगा। टिकटोली उन्हीं दस गांवों में से एक है। इनमें से कुछ गांव ऐसे हैं जो कोर ज़ोन से निकाल कर नए बसाए गए हैं। ऐसे लोगों के लिए डेढ़ दशक के भीतर दो बार ज़मीन से उखड़ना होगा।

रंगू और उनके साथ बैठे उनके अनेक साथी इस विस्थापन की त्रासदी पर एक साथ बोल उठे थे, "यह तो बरमाजी (ब्रह्माजी) का किस्सा हो गया।" रंगू फिर से एक किस्सा छेड़ देते हैं: "सृष्टि की रचना के बाद ब्रह्माजी ने सहरिया कबीले को धरती के आसन के ठीक बीचों-बीच बिठाया। लेकिन सहरिया लोग सीधे-सादे थे। उनके बाद रचे गए लोग आते गए और सहरियाओं से थोड़ा खिसकने को कहते रहे। हर नई जाति के आने के साथ ही सरल सहरिया खिसकते रहे। बहुत देर बाद जब ब्रह्मा जी आए, तो उन्होंने देखा जिस सहरिया को वह बीच में बिठाकर गए थे, वह सबसे किनारे बैठा है।"

इस यह महज एक कहानी नहीं, प्रतीक भी है।

कूनो-पालपुर में सिर्फ टिकटोली और नौ दूसरे गांवों पर विस्थापन का ख़तरा नया नहीं है। सरकारी आंकड़ों के हिसाब से इस जंगल के कोर ज़ोन (जंगल का वह भीतरी हिस्सा जहां किसी किस्म की मानवीय गतिविधि की सख्त मनाही होती है) में बसे 18 गांवों के 1545 परिवारों को विस्थापित किया गया है और उन्हें उचित मुआवज़ा देकर, नए गांवों में बसा दिया गया है। विस्थापित किए गए गांवों की संख्या को लेकर विवाद है। स्थानीय लोग विस्थापित किए गए गांवों की संख्या 28 बताते हैं, जबकि जंगल से बाहर नए बसाए गए गांवों की संख्या 24 है।

वन विभाग का कहना है कि, गांव तो उतने ही हैं लेकिन कुछ गांवों को एक से अधिक जगहों पर बसाया गया है। बसाहटें नई हैं, लेकिन उनके नाम पुराने हैं।

जंगल का ज़्यादातर हिस्सा श्योपुर में और थोड़ा बहुत शिवपुरी में पड़ता है। राजस्थान का रणथंभौर अभयारण्य इससे बिलकुल सटा हुआ है और अमूमन रणथंभौर के बाघ घूमते-टहलते इधर आ निकलते हैं। कूनो-पालपुर से जिन 28 गांवों का विस्थापन हुआ है, उनमें 24 गांव सहरिया बहुल हैं।

केंद्र सरकार ने सहरिया को मध्य प्रदेश की तीन आदिम जनजातियों में शामिल किया है। राज्य के कुछ इलाकों में मौजूद इस जनजाति को जंगल के साथ जीने की आदत थी। श्योपुर के जंगल

में इनकी खासी तादाद थी। यह जनजाति देश के उन 75 जनजाति समूहों में से एक है, जिसके विलुप्त होने का जोखिम सबसे अधिक है।

सहरिया जनजाति की ऐतिहासिक पृष्ठभूमि बहुत स्पष्ट नहीं है। आज के सहरिया अपने आपको खूंटिया पटेल कहते हैं। इसका मतलब सहरिया, सहरा या सवर ही है। ऐतिहासिक रूप से सहरिया भारत के पहले ऐसे समूह हैं, जो खेती से जुड़े रहे हैं।

कर्नल टाड ने अपने विवरण में लिखा है कि बौद्ध धर्मशास्त्रों में भी सहरियाओं का उल्लेख है। कहा जाता है कि सेहरिआपा नाम का एक राजा था, जो चंबल और यमुना नदी के बीच के मैदानी इलाकों में बसी सेरा जनजाति का मुखिया था। संभवतया, इसी इलाके में बसे लोगों को सहरिया कहा जाता है। अनुमान है कि मुस्लिम हमले में हारकर यह लोग पहाड़ों और जंगलों की तरफ जाकर बस रहे।

सहरिया की आबादी में 2001 और 2011 की जनगणना के अनुसार लगातार कमी दर्ज की गई है। इसकी सबसे प्रमुख वजह है, इनकी ज़िंदगी की मुश्किलों का लगातार बढ़ता जाना। भूख, कुपोषण, आजीविका का संकट और सबसे महत्वपूर्ण; जंगलों पर खत्म होती इनकी निर्भरता ने समुदाय के सामने पहचान का संकट खड़ा कर दिया है।

कूनो की सहरिया जनजाति के लोग गुजर बसर के लिए कृषि उत्पादन, पशुपालन, वनोपज इकट्ठा करने और कभी-कभार मज़दूरी करने के जटिल और गतिशील तरीके अपनाते रहे हैं। इनमें भी वनोपज इकट्ठा करके गुजारा चलाने वाले लोगों की संख्या बहुत

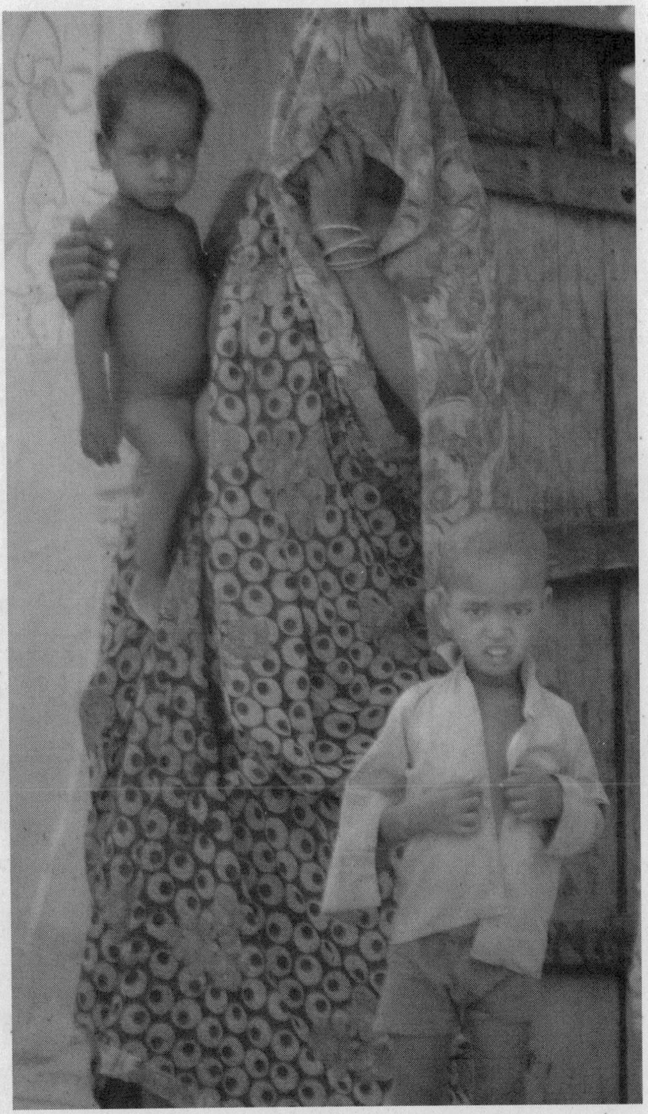

अधिक थी। सबसे गरीब परिवार भी अपनी आमदनी का 30 से 65 फ़ीसद हिस्सा गैर-इमारती लकड़ी उत्पादों (नॉन-टिंबर फॉरेस्ट प्रोड्यूस: एनटीएफपी) से हासिल करते थे।

विस्थापन से पहले सहरिया, कूनो-पालपुर के 345 वर्ग किलोमीटर में फैले घने जंगलों में छोटे-मोटे वनोपज, कंद-मूल, जड़ी-बूटियां, गोंद, चिरौंजी और महुआ बीनकर उन्हें बाज़ार में बेचकर अच्छा-खासा मुनाफा कमा लेते थे। सहरिया अच्छे शिकारी भी होते हैं। जंगली खरगोश, बत्तख वगैरह का शिकार उनके लिए मांस का स्रोत हुआ करता था। इससे उनके लिए प्रोटीनयुक्त खाना मिल जाया करता था। सूखे के वक्त में जंगलों पर इनकी निर्भरता और भी अधिक बढ़ जाया करती थी।

सहरिया लोग झूम खेती के ज़रिए अपने लिए मोटे अनाज, चना, कई तरह की साग-सब्ज़ियां उगा लेते थे। इनके रोज़ाना के भोजन में वनों से इकट्ठा किए भोज्य पदार्थों का हिस्सा उनके अपने खेतों से उत्पादित और बाज़ार से खरीदे सामान के लगभग बराबर हुआ करता था।

इनमें मवेशी पालने का भी अच्छा शऊर था, ऐसे में उन्हें खाने लायक दूध, दही, घी तो मिल ही जाता था। जंगलों पर उनका आश्रित होना इस बात से झलकता है कि उनकी आमदनी का पचास से पैंसठ फीसदी हिस्सा वे जंगल से बटोरे गए सामान को बाज़ार में बेच कर हासिल करते थे। इसके अतिरिक्त वे जलावन

कूनो पालपुर

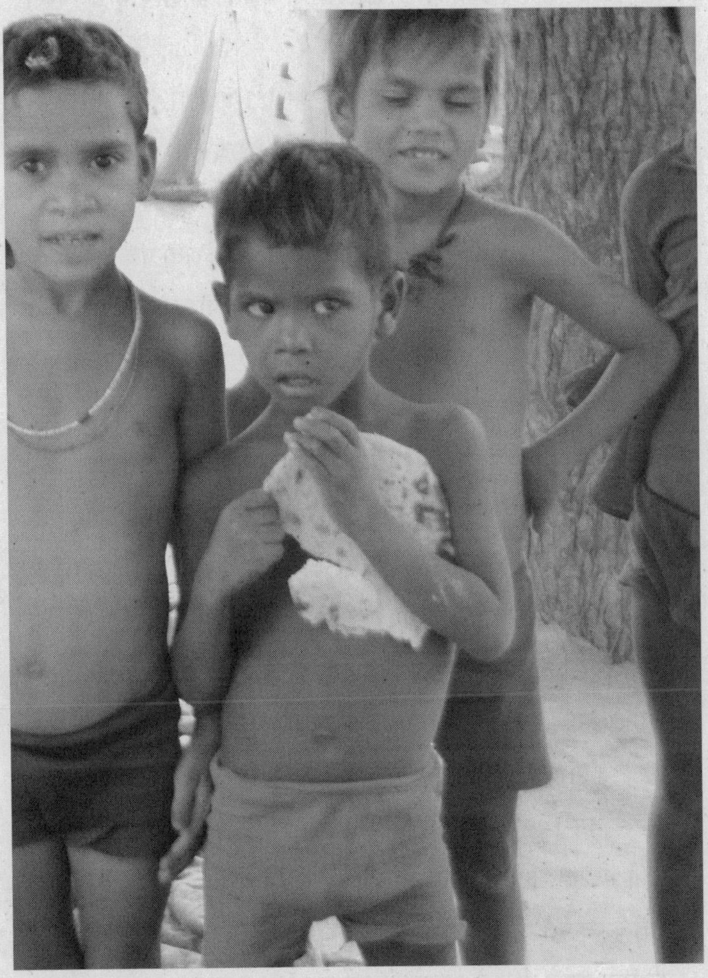

की सूखी लकड़ी, चारा और घरेलू इस्तेमाल का सामान भी जंगल से जुटाते थे, जिसका कुछ हिस्सा वे बेचते थे और कुछ घरेलू इस्तेमाल में लाते थे।

उनके विस्थापन की शुरुआत हुई थी 1998 में, और तभी से विस्थापित सहरिया परिवारों में कुपोषण और बीमारियों का चक्कर शुरू हुआ।

विस्थापन के शुरुआती सालों में आबोहवा में बदलाव की वजह से कई मौतें भी दर्ज़ की गईं। श्योपुर ज़िला अमूमन सूखा प्रभावित रहा है। इसके बावजूद सहरिया आदिवासियों में इस कदर कुपोषण और बच् चों की मौत के मामले देखने को नहीं मिलते थे। लेकिन आज सहरिया समुदाय भारत का सबसे कुपोषित समुदाय है और सबसे कम साक्षर भी। भारत भर में जनजातीय साक्षरता जहां 41.2 फीसद है, वहीं सहरिया जनजाति में यह 28.7 फीसद ही है। सहरिया महिलाओं में यह प्रतिशत तो 15 फीसद से थोड़ी ही अधिक है।

श्योपुर ज़िले का एक और सहरिया बहुल गांव है पातालगढ़, जहां 2005-07 के बीच एक के बाद एक 29 बच्चे कुपोषण की भेंट चढ़ गए थे। छह साल से कम उम्र के इन बच्चों की मौत का गैर-सरकारी आंकड़ा हालांकि 44 है, लेकिन सरकारी अफसर अभी भी यह मानने को राज़ी नहीं हैं कि इन बच्चों की जान लगातार भूख के चलते गई। नवंबर, 2006 में सुप्रीम कोर्ट के विशेष आयुक्तों की एक जांच टीम ने अपनी रिपोर्ट में साफ कहा कि श्योपुर जिला

कुपोषण के मामले में दुनिया की सबसे खतरनाक जगह है। जबलपुर स्थित क्षेत्रीय मेडिकल रिसर्च इंस्टीट्यूट के ताज़ा आंकड़ों के अनुसार 93 फीसदी सहरिया बच्चे गंभीर रूप से कुपोषित हैं, जिनमें से 15 फीसदी मरने की कगार पर हैं। 85 फीसदी से ज़्यादा

महिलाओं में एनीमिया, यानी खून की कमी है। इनमें से आधी महिलाओं में यह बीमारी गंभीर रूप से घर कर चुकी है।

विस्थापन का मतलब सिर्फ पहचान का संकट ही नहीं, न ही सिर्फ आजीविका का संकट है, बल्कि यह जीवन प्रत्याशा को भी कम करता है। कूनो-पालपुर में ही सहरिया जनजाति के डीएनए परीक्षणों से यह बात भी पता चली है।

विस्थापित सहरियाओं की संख्या 1998 से 2002 के बीच करीब 8000 रही है और वह सहरिया परिवार 'भारी तनाव' से पीड़ित थे क्योंकि उन्हें अपने जंगलों को छोड़कर आसपास के अर्ध-शहरी या क़स्बाई इलाकों में जाकर रहना पड़ा, जो उनकी परंपराओं के हिसाब से ठीक नहीं था और इससे उनकी जीवन-शैली में बड़ा परिवर्तन आ गया। सहरिया जनजाति के बारे में यह रिपोर्ट नेशनल अकेडमी एकेडमी ऑफ साइंस की है।

वैज्ञानिकों ने सहरिया जनजाति की जीवनशैली और जीवन काल में आए बदलावों को समझने के लिए उनके क्रोमोज़ोम का अध्ययन किया। शोधकर्ताओं ने पाया कि विस्थापित गांव मज़ीरान के 24 लोगों में अत्यधिक तनाव (शारीरिक और मानसिक) था। हालांकि, बफर ज़ोन में पड़ने वाले गांव बेहरूदा के 22 लोगों पर इसी अध्ययन में ऐसा कोई तनाव वाला क्रोमोज़ोम परिवर्तन नहीं दिखा।

आखिर, एक पूरे समुदाय के जीवन और उसकी भविष्य की संभावनाओं पर इतना गहरा असर छोड़ने वाले विस्थापन की वजह

क्या था?

वजह हैं: शेर, चीते और बाघ। नहीं, सहरियाओं को इनसे डर कर विस्थापित नहीं होना पड़ा और न ही उनके जीवन को बचाने के लिए सरकार ने इन्हें विस्थापन के लिए मजबूर किया, बल्कि सरकार शेरों, चीतों और बाघों को बचाना चाहती थी। शेर (एशियाटिक लायन) के बारे में यह प्रसिद्ध है कि भारत में सिर्फ गिर (गुजरात) में बचे हैं और चीतों के बारे में छठी कक्षा में ही पढ़ा दिया जाता है कि वह 1952 में ही भारत से विलुप्त हो गए थे। बाघों को बचाने का प्रोजेक्ट टाइगर ज़रूर चल रहा है। फिर सवाल है कि मध्य प्रदेश के सहारियों से गुजरात के शेरों और 'विलुप्त' हो चुके चीतों को क्या खतरा था?

यह एक लंबी कहानी है, जिसका क्लाइमेक्स है कि आज की तारीख में कूनो-पालपुर के जंगलों में न तो शेर हैं, न चीते और न ही बाघ और एंटी-क्लाइमेक्स है कि इन्हीं तीन जानवरों की वजह से सहरिया जनजाति के 8000 लोग अपने घर-बार, खेत-खलिहान से उजाड़ दिए गए।

देश भर में हुए विस्थापनों के आंकड़े बताते हैं कि 1950 के बाद से भारत में वन्य जीवों से जुड़ी परियोजनाओं में करीब 6 लाख लोग विस्थापित हुए हैं। यह बाक़ी सभी योजनाओं-परियोजनाओं की वजह से हुए विस्थापन का 2.8 फीसद ही है। सरकारी आंकड़ों के मुताबिक इनमें से करीब 21 फीसद यानी 1.25 लाख लोगों का पुनर्वास किया

गया, लेकिन 4.75 लाख लोग ऐसे हैं जिनका पुनर्वास नहीं हो पाया। यह वन्य जीवन विस्थापन की कुल आबादी का 79 फीसदी है। गौरतलब है कि कुल विस्थापितों में से 4.5 लाख लोग जनजातीय समुदाय के हैं। यानी, करीब तीन चौथाई। सिर्फ एक लाख जनजातियों का ही पुनर्वास हो सका, इसका मतलब है 78 फीसद विस्थापित जनजातियों का पुनर्वास आजतक नहीं हो पाया है।

वैसे, पुनर्वास हो जाने और फिर से बसकर खुशहाल हो जाने में बहुत अंतर है। सहरिया अभी भी उजड़े हुए हैं। जो कल तक शेरों के साथ जंगल में रह लेते थे आज शेरों की वजह से नई जगह ठिकाना तलाश रहे हैं।

सहरिया का शाब्दिक अर्थ बताया जाता है- स हरिया यानी शेर (हरिया) के साथ रहने वाले। एक और किंवदंती है जिसके मुताबिक सहरिया कभी शेर से नहीं डरते, इसलिए उनका नाम सहरिया पड़ा। आज जंगल में रहने वाला यह समुदाय दिहाड़ी मज़दूरों में तब्दील हो गया है।

वैसे, इस इलाके में एशियाई सिंहों को बसाने की यह कोई पहली कोशिश नहीं है। राजे-महाराज़ों और खासकर यहां ग्वालियर के सिंधिया शासकों के शिकार की लत ने सिंहों को विलुप्त कर दिया था।

इस इलाके में वन प्रबंधन की शुरुआत ब्रिटिश राज में की गई थी। तब, श्योपुर तहसील के जंगलों को श्योपुर रेंज के तहत रखा गया था और यह शिवपुरी फॉरेस्ट डिवीज़न के तहत था। 1920 में

कूनो पालपुर

श्योपुर को अलग से फॉरेस्ट डिवीज़न बना दिया गया और इसके अंदर श्योपुर और बिजैपुर तहसील के जंगलों को भी रखा गया।

इस इलाके के सबसे शुरुआती सर्वे में, जिसे सर्वे ऑफ इंडिया ने किया था, कूनो-पालपुर और आसपास के जंगलों को 'घने जंगलों' के रूप में दिखाया गया है। बीसवी सदी की शुरुआत में, इन वनों का दोहन बड़े पैमाने पर होने लगा। वजह थी: सिंधिया स्टेट रेलवे लाईन के लिए लकड़ी की कटाई। गोंद और राल के लिए कुल्लू और सलाई पेड़ों के बड़े पैमाने पर दोहन का ज़िक्र मुरैना जिला गज़ेटियर में भी है।

मध्य प्रदेश में पालपुर जागीर के विलय से पहले, इस जंगल का इस्तेमाल ग्वालियर का राजपरिवार शिकार के लिए किया करता था।

दस्तावेज़ों के मुताबिक श्योपुर से एशियाटिक शेर 1873 में खत्म हो गए थे। श्योपुर के शेर, पूरे मध्य भारत के आख़िरी शेर थे।

यहां से खत्म होकर सिंह गुजरात के गिर तक सिमट गए। चिंता तब शुरू हुई जब तंज़ानिया में केनाइन डिस्टेंपर वायरस की वजह से तीन तिहाई सिंहों की आबादी संक्रमित हो गई थी और 30 फीसदी शेर मर गए थे। यह घटना नब्बे के दशक की शुरुआत में हुई थी। उस वक्त यह डर पैदा हुआ कि गिर में तंज़ानिया के मुकाबले काफी कम संख्या में शेर हैं और क्षेत्रफल तो सेरेनगेटी के मुकाबले और भी कम है। अगर यहां कोई संक्रमण या बीमारी फैली तो सिंहों को बचाना नामुमकिन साबित होगा।

वाइल्ड लाइफ इंस्टीट्यूट ऑफ इंडिया ने 1993 में गिर में सिंह प्रजाति के बेहतर रहवास प्रबंधन के लिए शोध अध्ययन कराया। सिंहों के लिए वैकल्पिक रहवास का अध्ययन भी किया गया। 1993 में वडोदरा में सिंहों के पॉप्युलेशन एंड हैबिटेट रिहैबिलिटेशन एनालिसिस वर्कशॉप के बाद गुजरात, उत्तर प्रदेश, मध्य प्रदेश, राजस्थान और हरियाणा के वन विभागों से कहा गया कि वो अपने राज्य के वैसे ऐसे संरक्षित वनों की सूची दें, जहां सिंहों का वैकल्पिक रहवास तैयार किया जा सकता है। उसके बाद वाइल्ड लाइफ इंस्टीट्यूट ऑफ इंडिया के वैज्ञानिकों की टीम ने तीन संभावित रहवासों की छंटाई की: दर्राह-जवाहरसागर और सीतामाता सेंचुरी राजस्थान में, और मध्य प्रदेश में कूनो-पालपुर।

1993-94 में इस इलाके का जल्दी-जल्दी में एक आकलन किया गया, जिसमें कुछ मानकों का खयाल रखा गया: वनीय इलाके का क्षेत्रफल, रहवास की गुणवत्ता, शिकार की उपलब्धता, और मानव आबादी की उपस्थिति।

राजस्थान के दर्राह को छोटे आकार की वजह से अनुपयुक्त पाया गया और वहां रहवास की स्थिति भी बेकार थी। सीतामाता में सिंहों के लिए शिकार उपलब्ध नहीं था और वहां मानव आबादी की दखल भी हद से अधिक थी।

सिंहों के दूसरे घर के रूप में कूनो सबसे बड़ा दावेदार बनकर उभरा। कूनो में मानव आबादी इतनी ही थी, कि उसका प्रबंधन

किया जा सकता था और रहवास भी ठीक-ठाक था।

वाइल्ड लाइफ इंस्टीट्यूट ऑफ इंडिया की 1995 की रिपोर्ट कहती है, कि आसपास का सटा हुआ करीब 3000 वर्ग किलोमीटर के जंगल का इलाका सिंहों की बढ़ती आबादी के लिए मुफीद साबित होगा।

तो इस तरह कूनो-पालपुर अभयारण्य में एशियाटिक शेरों को फिर से बसाने की योजना बनी। तब, अभयारण्य की खातिर एक-एक कर 24 गांवों के 1543 परिवारों को विस्थापन का दर्द झेलना पड़ा। इस जंगल में गिर के सिंहों को बसाने के लिए पैंसठ करोड़ रुपए की लागत से बाड़े वगैरह बनाए गए थे, जो आज भी सिंहों की बाट जोह रहे हैं।

विस्थापितों में 80 फीसद लोग सहरिया जनजाति के थे। मुआवज़े के रूप में हर परिवार को 36,000 रुपए नकद दिए गए। साथ में दो हेक्टेयर ज़मीन और मकान बनाने के लिए 502 वर्गमीटर ज़मीन दी गई।

हालांकि, 1894 में बने भूमि अधिग्रहण अधिनियम का ज़ोर नुकसान की बजाए नकद मुआवज़े पर था, लेकिन केंद्र सरकार ने विस्थापितों के हितों की रक्षा के लिए नई राष्ट्रीय नीति (रिसेटेलमेंट एवं रिहैबिलिटेशन) की घोषणा 2007 में की। इसके तहत जिन परियोजनाओं के तहत मैदानी इलाकों में 400 और पहाड़ी इलाकों में 200 परिवार प्रभावित होते हों, वहां विस्थापन के सामाजिक

प्रभाव का आकलन किया जाना ज़रूरी है। इसी अधिनियम में लिखा है कि भूमि का अधिग्रहण बाज़ार दर पर होगा... अपंग, अनाथ और 50 साल की उम्र से अधिक लोगों को आजीवन पेंशन दी जाएगी।

लेकिन, कूनो-पालपुर में यह विस्थापन इस अधिनियम के लागू होने के काफी पहले हो चुका था।

विस्थापित होने के दो दशक बीतने के बावजूद कूनो-पालपुर में आज तक न तो गिर से शेर आ सके हैं और न ही अफ्रीकी चीते। खजूरी कलां, पीपल बावड़ी, नयागांव, पालपुर, पारोंद और चाक पारोंद जैसे सहरिया बहुल गांवों को अभयारण्य से आठ-दस किलोमीटर बाहर ऐसी जगहों पर बसाया गया है, जहां न तो ज़मीन खेती के लायक है और न ही पहुंचने के लिए सड़क। वन विभाग ने इन गांवों में किराने की दुकान, आटा चक्की या कोई भी व्यावसायिक गतिविधि संचालित करने पर रोक लगा रखी है। मध्य प्रदेश सरकार विस्थापित गांवों के पुनर्वास पर 1436 लाख रुपए की रकम मंजूर कर चुकी है, और सरकार ने अभयारण्य से विस्थापित होने वाले 1545 परिवारों की सूची बनाई थी और ताज़ा सरकारी रेकॉर्ड में सभी को पर्याप्त मुआवज़ा मिल चुका है। यानी ज़मीन के बदले ज़मीन और संसाधन के बदले संसाधन। लेकिन गांववालों की शिकायत है कि उन्हें मुआवज़ा मिला नहीं।

यह दिखता भी है कि बसाए गई ज़मीन पर एक भी काम नहीं

हुआ। यहां तक कि लोगों को मूलभूत सुविधाएं तक नहीं मिलीं। सड़क, बिजली, पानी, शौचालय, स्वास्थ्य केंद्र, आंगनबाड़ी और स्कूल सब नदारद है।

विस्थापन ने जंगलों पर सहरियाओं की निर्भरता के पैटर्न को बदल दिया है।

नए बसाए गए गांव कूनो से 7 से लेकर 18 किलोमीटर तक की दूरी पर हैं। इससे जंगल तक जाना इनके लिए कठिन हो गया है।

पहले लोग अभयारण्य में कूनो नदी के किनारे रहा करते थे, जहां उन्हें पीने के पानी और मवेशियों के लिए निस्तार की सहूलियत मिल जाती थी। बरसात में खाने को ताजा मछली मिलती थी। विस्थापितों में से एक शिव बताते हैं, 'अब हमारे पास जीने के लिए कुछ बाकी नहीं रहा। इससे तो अच्छा होता कि हमें शेर खा जाते।'

आफत का अभयारण्य

कूनो-पालपुर में शेर नहीं है, बाघ भी नहीं हैं और चीते भी नहीं है। सरकारों (और उसके पहले रजवाड़ों) ने अलग-अलग समय पर बिल्ली प्रजाति के इन तीनों जीवों को यहां बसाने की कोशिशें की हैं।

ताज़ा मामला चीतों को बसाने का है। प्रस्ताव है कि भारत से 1952 में ही विलुप्त घोषित कर दिए गए चीतों को देश में फिर से लाया जाए। इसके लिए पहले ईरान से चीते मंगाने का प्रस्ताव था, जिसे ईरान ने ठुकरा दिया। अब नामीबिया से चीते लाने के बाबत

विचार चल रहा है। वैसे, नामीबिया से लाए जाने वाले चीतों के नए आश्रय-स्थल मध्य प्रदेश के कूनो-पालपुर और नौरादेही तथा राजस्थान के शाहगढ़ और जैसलमेर के थार इलाकों में तलाशे जा रहे हैं। फिलहाल, प्रस्तावित इन वन-खण्डों खंडों में चीतों के प्रकृतिजन्य आहार, प्रजनन और आवास की दृष्टि से सबसे माकूल कूनो- पालपुर अभयारण्य ही माना जा रहा है।

इधर सिंहों के लिए जंगल से विस्थापित हो चुके गांववालों को, न तो ठीक से मुआवज़ा मिला न ही उनका पुनर्वास किया गया। मुआवज़े की जायज मांग को लेकर सहरिया जनजाति, वनकर्मियों और पुलिस के बीच कई हिंसक झड़पें भी हो चुकी हैं। फिर भी, कूनो-पालपुर में अभी तक एक भी सिंह नहीं आ पाया है क्योंकि गुजरात सरकार ने मध्य प्रदेश को सिंह देने से इनकार कर दिया। फिलहाल, मामला सुप्रीम कोर्ट में है।

सवाल यह उठता है कि जब हम देश के सिंहों का देश में ही पुनर्वास करने में असफल साबित रहे हैं तो उस अफ्रीकी चीते का देश के जंगलों में क्या पुनर्वास कर पाएंगे, जिसकी करिश्माई दौड़ के लिए कई किलोमीटर लंबे-चौड़े खुले मैदान चाहिए और चाहिए पौष्टिक आहार के लिए मुख्य रूप से काले हिरण। वर्तमान में भौगोलिक और प्राकृतिक परिवेश की दृष्टि से न तो कूनो में जंगलों के बीच खुले मैदान हैं और न ही काले हिरण। ऐसे में चीता बसाए जाने की तीन सौ करोड़ के भारी-भरकम बजट की यह योजना

अभयारण्य की सीमा विस्तार के लिए कुछ नए गांवों को उजाड़ेगी और सैलानियों का अभयारण्य में आवागमन सुविधाजनक हो, इस वास्ते पेड़ काटकर जंगल में नई सड़कों का जाल बिछाया जाएगा।

अगर यहां चीतों का पुनर्वास हो जाता है तो यह देश ही नहीं, दुनिया का ऐसा अनूठा अभयारण्य होगा जिसमें बिल्ली प्रजाति के आठ बड़े और दुर्लभ वन्य प्राणियों में से चार को रहवास सुलभ होगा। तेंदुए यहां पहले से ही सूचीबद्ध हैं। राजस्थान के रणथंभौर राष्ट्रीय उद्यान से

छलांग लगाकर आए बाघ की दहाड़ और पग मार्ग कूनो से लेकर मुरैना तक के जंगलों में सुनाई और दिखाई देते हैं। भारतीय वन्यजीव संस्थान के एक सर्वेक्षण के अनुसार शिवपुरी से श्योपुर तक जाने वाली छह सौ किलोमीटर लंबी वन-पट्टी पर 2006 में छह बाघ भी चहल-कदमी करते देखे गए थे।

अब यदि चीता बसाने के प्रयास सफल हो जाते हैं तो स्वाभाविक है कूनो-पालपुर दुनिया का अद्वितीय अभयारण्य हो जाएगा।

हालांकि मामला इतना आसान नहीं है। जंगल के इन अलमस्त जीवों में से एक को नैसर्गिक परिवेश में रहने के लिए कम से कम बीस वर्ग किमी क्षेत्र की ज़रूरत होती है। फिलहाल कूनो का कुल क्षेत्रफल 344 वर्ग किमी है। इस हिसाब से कूनो में बमुश्किल बीस बाघ, चीता, सिंह या तेंदुओं में से किसी एक प्रजाति को प्राकृतिक आवास और आहार उपलब्ध हो सकता है। जबकि भारतीय

वन्यजीव संस्थान और भारतीय वन्यजीव ट्रस्ट के प्राणी विशेषज्ञों की सलाह है कि कूनो में साठ चीते एक साथ रह सकते हैं। इसे आधार मानकर योजना को अमल में लाए जाने के उपक्रम जारी हैं।

अगले सालों में विभिन्न प्रजातियों के चीते ईरान, नामीबिया और दक्षिण अफ्रीका से लाए जाएंगे। यदि इन चीतों का पुनर्वास संभव हो जाता है तो बीस साल के भीतर इनकी संख्या बढ़कर साठ हो जाने का अनुमान है। इतने चीतों की हवाई छलांग और इनके लिए पर्याप्त चारे के लिए हिरणों को भी पर्याप्त आहार और प्रजनन का क्षेत्र विकसित करना होगा। यह एक बड़ी चुनौती होगी और इसके लिए भी आसपास के न सिर्फ बफर ज़ोन बल्कि ट्रांजिशन ज़ोन (जंगल का वह इलाका जहां मानवीय गतिविधियां बड़े पैमाने पर होती हैं) से भी गांवों को विस्थापित करना होगा।

चीतों को जैसलमेर रोड स्थित मोकला और सोनू गांव की मरुभूमि में भी पुनर्वास किए जाने का एक प्रस्ताव लंबित है। यह पट्टी करीब एक हज़ार किमी लंबी है। यहां चीता को आवास की सुविधा तो उसकी प्रकृति के मुताबिक ही है लेकिन खाद्य-श्रृंखला का नितांत अभाव है। इस दृष्टि से यहां चीतों के पुनर्वास के पहले हिरणों की प्रजातियों को बसाना होगा। यह इलाका दुर्लभ पक्षी गोंडावण (सोन चिरैया) का भी आश्रय स्थल है। चीते की तेज़ रफ्तार इस पक्षी के अस्तित्व को ही संकट में डाल देगी। देगी, क्योंकि झरबेरियों में ही रहने का आदी यह परिंदा लंबी उड़ान नहीं

भर सकता। इस इलाके में करीब दस हज़ार लोग रहते हैं, जिनके पास 4367 हेक्टेयर खेती लायक ज़मीन है और मवेशियों की संख्या 31,827 है। इनके विस्थापन से भी समस्या खड़ी होगी।

ऐसा नहीं है कि इस इलाके में पहली बार सिंहों या बाघों को बसाने की कोशिश की गई हो। 20वीं सदी में देश में शेरों को फिर से बसाने की कम से कम चार कोशिशों के सुबूत मिलते हैं, जिनमें दो कम से कम कूनो-पालपुर की सीमा के भीतर ही थे। ये कोशिशें ग्वालियर राजपरिवार ने की थीं।

लार्ड कर्ज़न ने ग्वालियर राज्य के महाराजा माधवराव सिंधिया प्रथम को सिंहों के संरक्षण और पुनर्वास की सलाह दी थी। 1904 में लार्ड कर्ज़न शिवपुरी, श्योपुर और मोहना के जंगलों में शेरों का शिकार करने आए थे, पर उस समय तक यहां शेर लुप्त हो चुके थे।

कर्ज़न की सलाह पर अमल करते हुए 1905 में डेढ़ लाख रुपए का सालाना बजट निर्धारित कर सिंहों के पुनर्वास की पहल शिवपुरी, श्योपुर और मोहना के जंगलों में की गई। वन्य जीवन के एक पारसी जानकार डीएम जाल को सिंहों के पुनर्वास की जिम्मेवारी सौंपी गई। जाल ने पहले जूनागढ़ के नवाबों से चीते लेने का प्रयास किया, लेकिन नवाबों ने साफ इन्कार कर दिया। बाद में जाल, लार्ड कर्ज़न का एक सिफारिशी पत्र लेकर

अबीसीनिया (इथोपिया) गए और दस सिंह- शावक पानी के जहाज़ में बिठाकर मुंबई लाए। इन शावकों की अगवानी करने

ग्वालियर महाराज खुद मुंबई पहुंचे थे।

मुंबई तक आते-आते दस में से सात शावक ही बच पाए थे। इनमें तीन नर और चार मादा थीं।

सिंहों के नाम बुंदा, बांके और मजनूं तथा सिंहनियों के नाम रमेली, रामप्यारी, बिजली और गेंदी रखे गए। इन्हें पहले धूमधाम से शिवपुरी के मोहना जंगल में छोड़ा गया। वहां बाघों को देखकर ये सिंह भाग निकले।

फिर इन शावकों को पहले ग्वालियर के चिड़ियाघर में पाला गया, जहां उनको पक्के पिंजरों में रखा गया था इन पिंजरों को आज भी सीरोनी जंगल में डोब कुंड के पास देखा जा सकता है।

वयस्क होने पर दो मादाओं ने गर्भधारण किया और पांच शावक जने। इन शावकों के बड़े होने पर आठ सिंह शिवपुरी के सुल्तानगढ़ जल-प्रपात के पास जंगल में छोड़े गए। चिड़ियाघर के कृत्रिम माहौल में पले-बढ़े

ये सिंह वन्य प्राणियों का शिकार करने में फिसड्डी साबित हुए, लेकिन भूख के लिए इन्होंने पालतू मवेशी और ग्रामीणों का शिकार करने का सिलसिला शुरू कर दिया। 1910 से 1912 के बीच इन सिंहों ने एक दर्जन लोगों की जान ली। इससे गांवों में हाहाकार मच गया। यद्यपि उस समय ट्रांक्विलाइजर नहीं थे, लेकिन महाराज ने इन्हें पकड़वा लिया।

एक बार फिर 1915 में कूनो-पालपुर जंगल में इन्हें बसाने का

असफल प्रयास किया गया। लेकिन एक तो इनकी आदमखोर प्रवृत्ति भी जारी रही दूसरी, कूनो-पालपुर के वन्य प्राणी जगत से इनकी पटरी नहीं बैठी। बाघों से डरकर ये भाग निकले और मुरैना, झांसी, पन्ना और नीमच में मारे गए। लेकिन रिपोर्टें हैं कि आखिरी शेर को यहां लाने के ठीक 30 साल बाद 1950 में कूनोर नदी के किनारे मारा गया। इसका मतलब है कि कुछ शेर या तो उतने दिन बच गए या उन्होंने जंगल में प्रजनन किया था।

बहरहाल, सवाल उठता है कि जब एकतंत्री हुकूमत के दौरान सिंहों या चीतों का पुनर्वास संभव नहीं हुआ, जबकि एक शताब्दी पहले इस इलाके में घनघोर जंगल थे और अपेक्षाकृत पर्याप्त आहार के लिए वन्य प्राणी भी बड़ी संख्या में थे, तो अब कैसे मुमकिन है?

अगर यहां सिंह या चीते नहीं आए तो प्लान बी के नाम पर बाघों को लाने की योजना भी है। अफ्रीकी चीतों और गिर के सिंह मिलने की क्षीण संभावनाओं के मद्देनज़र मध्य प्रदेश वन विभाग ने कूनो-पालपुर अभयारण्य को प्रदेश के ही बाघों से ही आबाद करने की योजना भी तैयार की।

योजना यह बनी कि पहली बार में कम से कम एक नर बाघ और दो मादा बाघ अभयारण्य में शिफ्ट किए जाएंगे। इस प्लान बी को राष्ट्रीय बाघ संरक्षण प्राधिकरण (एनटीसीए) ने अपनी सैद्धांतिक सहमति दे दी। अब भारतीय वन्यजीव संस्थान को बाघों के रहने के अनुकूल व्यवस्थाओं का अध्ययन करना है।

बाघ आ भी गए तो अजूबा ही होगा। और अगर बाघों के आने के बाद अफ्रीका से चीते भी आ गए और सुप्रीम कोर्ट ने गुजरात के सिंहों को भेजने का आदेश भी दे दिया, तब तो यह अभयारण्य सचमुच अद्भुत हो जाएगा। इसलिए कि बाघ, चीते और सिंह, तीनों प्राणी प्राकृतिक रहवास में एक साथ नहीं पाए जाते। अफ्रीका में जहां सिंह और चीता दोनों एक ही वन में रहते हैं, वहां बाघ नहीं हैं। चीता और सिंह का नैसर्गिक रहवास लगभग एक-सा है लेकिन बाघ को अलग तरह का वन चाहिए।

अतीत में बाघ और सिंह को एक साथ रखने के प्रयोग का हश्र हम ऊपर देख चुके हैं।

खुद माधवराव सिंधिया (सीनियर) द्वारा बाघ और सिंहों की अंतरक्रिया की इस त्रासदी का वर्णन भारत के प्रथम वन महानिदेशक एम डी चतुर्वेदी ने अपनी किताब 'सिंह-परिवार' में किया है। मशहूर वन्य-प्राणीविद् प्राणीविद एडवर्ड प्रीचर्ड गी ने भी 1964 में प्रकाशित अपनी किताब 'द वाइल्ड लाइफ ऑफ इंडिया' में बाघ-सिंह अंतरक्रिया को लेकर संदेह प्रकट किया है।

एक़ दूसरा मॉडल उत्तर प्रदेश का है जहां 1957 में चंद्रभागा नदी के किनारे चकिया (मिर्ज़ापुर) में सिंह छोड़े गए थे। 1958 में एक सिंह-शावक देखा गया। लेकिन यह प्रयोग भी असफल हो गया।

यहां उल्लेखनीय है कि ग्वालियर नरेश के प्रयोग की देखभाल खुद एडमसन नामक उनके शिकार एडवाइज़र ने की थी। एडमसन

के पुत्र जॉर्ज एडमसन ने वन्य-प्राणी संरक्षण के पाठ कूनो-पालपुर के वनों में ही पढ़े। बाद में जॉर्ज और उनकी पत्नी ज्वॉय ने अफ्रीका में सिंहों के लिए बहुत काम किया और 'बॉर्न फ्री' नाम की किताब लिखी। उन्होंने भी सिंह-बाघ-चीता अंतरक्रिया पर संदेह प्रकट किया है। ऐसे में हमें पिछले तजुर्बों से सीख लेनी चाहिए।

वैसे, 12 सितंबर 2008 को गुजरात के वन मंत्री मंगूभाई देसाई ने साफ़ कर दिया था कि कूनो में एशियाटिक शेरों को नहीं बसाया जा सकता। फिलहाल यह मामला राजनीतिक बन गया है। 2 अप्रैल 2012 को सुप्रीम कोर्ट में गुजरात सरकार के वकील ने कहा कि चूंकि वन्य-प्राणी राज्य के विषय हैं, इसलिए गिर से ले जाकर शेरों को बसाने के मामले में किसी सरकार या अदालत की नहीं चल सकती।

दलिचस्प बात यह है कि केंद्रीय वन और पर्यावरण मंत्रालय को सुझाव देने वाली विशेषज्ञ समिति नेशनल नेशनल बोर्ड ऑफ वाइल्ड लाइफ ने 2009 में गिर से शेरों को कूनो में बसाने की सिफारिश की थी। लेकिन गुजरात स्टेट बोर्ड ऑफ वाइल्डलाइफ ने ऐसा करने से मना कर दिया। गेंद अब सुप्रीम कोर्ट के पाले में है।

बहरहाल, इस कशमकश में 28 गांवों के वे सहरिया परिवार उलझकर रह गए हैं, जिन्हें शेर लाने के नाम पर बारह साल पहले जंगल से निकालकर बाहर फेंक दिया गया था। शेर तो नहीं आए, अलबत्ता विस्थापन के शिकार गांवों में लोगों का जीना मुहाल हो

गया है।

हाशिए पर धकेलता विस्थापन

चूंकि विस्थापितों के लिए भूमि अधिग्रहण का काम 1998 में शुरू हुआ, इसलिए इस काम में 2002 में सामने आई मध्य प्रदेश की आदर्श पुनर्वास नीति भी लागू नहीं की जा सकी।

विस्थापितों को मिली ज़मीन बंजर, असिंचित और अनुत्पादक है। उन्हें इससे सालभर में बमुश्किल एक ही फसल मिल पाती है। विस्थापितों के खेतों में खोदे गए 85 फीसदी कुएं अब सूख चुके हैं। कुछ कुएं कपिल धारा के तहत भी खोदे गए, जो सालभर भी नहीं चल सके।

दोबारा बसाहट वाले इन नए गांवों की पहुंच जंगल के कुछ हिस्सों तक है, लेकिन जंगल के उस हिस्से का इस्तेमाल पहले से बसे गांव कर रहे हैं। यही नहीं,

सहरिया लोगों को विस्थापित करने से पहले उनसे वादा किया गया था कि पुनर्वास पैकेज के हिस्से के रूप में उनके गांवों के आसपास चारे और जलावन के लिए उचित पौधारोपण किया जाएगा। लेकिन यह काम 24 में से एक भी गांव के लिए अभी तक नहीं किया गया है। जिन जगहों पर विस्थापितों को बसाया गया है, और जिन खसरों को विस्थापितों के नाम किया गया है, वहां वन विभाग के कर्मचारियों ने अभयारण्य की हदबंदी के रूप में सीमेंट

की पक्की दीवार खड़ी कर दी है। इससे आदिवासियों के लिए जंगल के भीतर जाना और खेती करना नामुमकिन है।

विस्थापन के बाद बेचने के लिए एनटीएफपी संग्रहण भी नाटकीय तरीके से कम हुआ है। विस्थापन से पहले के मुकाबले यह मात्रा 50 फीसद से कम होकर दसवें हिस्से तक रह गया है।

सहरिया समुदाय को आसपास के बाक़ी समुदायों से अलग करने वाली बात थी, उनके भोजन में स्थानीय मांस की किस्मों का समायोजन और जंगली कंद-मूल-फल। लेकिन यह सांस्कृतिक अनोखापन अब खत्म हो चुका है।

अगर वे अपने मवेशियों को जंगल में चराने और सूखी जलाऊ लकड़ी बटोरने के लिए जाते हैं तो वन कर्मचारी प्रति बकरी बीस और हर मवेशी पर सौ रुपए का जुर्माना वसूलने के बाद ही उन्हें छोड़ते हैं। यह वनाधिकार कानून 2006 का खुलेआम उल्लंघन है। इनके पास मनरेगा के जॉब कार्ड हैं और उनमें 2006 से बाकायदा 100 दिन के काम की एंट्री भी की गई है। लेकिन वास्तव में किसी को 50 दिन से ज़्यादा काम नहीं मिला और अधिकतर भुगतान अनियमित और गड़बड़ रहे हैं।

संसाधनों के सिकुड़ने का अंजाम सहरियाओं पर अलग-अलग तरीकों से पड़ा है। सबसे बड़ी दिक्कतों में से एक है जलावन की कमी। पहले सहरिया मर्द महीने में दो बार बैलगाड़ियों पर जलावन ले आते थे और इसके लिए महिलाओं को नहीं जाना होता था।

लेकिन अब चूंकि सहरिया मर्द दिहाड़ी के लिए जाते हैं और जंगल में पेड़ों और झाड़ियों का इलाका भी सिमट गया है। इसलिए अब महिलाओं के लिए जलावन ढूंढना एक नया काम है क्योंकि इस जनजाति में उपलों की परंपरा नहीं है।

खजूरी कलां गांव में जुटी भीड़ एक साथ शिकायत करती है कि सरकार ने जंगल से हटाते वक्त उन्हें दो हेक्टेयर प्रति व्यक्ति के हिसाब से ज़मीन देने का वादा किया था। ऐसा नहीं है कि ज़मीन नहीं मिली, लेकिन जो ज़मीन मिली है वह पथरीली है।

वन विभाग ने विस्थापितों को जो ज़मीनें दिखाईं, वे मौजूदा कब्ज़े वाली ज़मीनों से अलग थीं। दुर्रेड़ी, खजूरी खुर्द, बर्रेड़, पहड़ी और चकपारोंद में बांटी गई ज़्यादातर ज़मीन असिंचित और बंजर हैं। खजूरी कलां के शंकर को नौ बीघा ज़मीन मिली, लेकिन बंजर होने के कारण उन्होंने उसे बटाई पर दे रखा है। गांववाले कहते हैं कि पहले जंगल में बसे होने पर वे लोग साल में दो फ़सलें उगा लेते थे। केन नदी के किनारे की उपजाऊ ज़मीन पर चना-मक्का की फसलें हुआ करती थीं, लेकिन अब खाने के लाले पड़े हैं।

अहिरवानी और पारी गांव में एक भी हैंडपंप नहीं है, लिहाजा गांव की महिलाओं को तीन किलोमीटर दूर से पीने का पानी लाना होता है। नहाने और शौच के लिए लोगों के पास पानी नहीं होता। चाकपारोंद गांव के रमेश बताते हैं कि अगर खेत जोतना हो तो उन लोगों को ट्रैक्टर की ज़रूरत होगी, क्योंकि ज़मीन पथरीली और

अनुपजाऊ है।

ज़्यादातर सहरिया आदिवासी भूमिहीन हैं। गुज़ारे के लिए इनमें से अधिकांश आदिवासी स्थानीय वैध-अवैध पत्थर खदानों में काम करते हैं, जबकि कुछ खेतिहर मज़दूर हैं। सूखा पड़ने पर इन आदिवासियों की हालत सबसे ज़्यादा खराब होती है, क् योंकि तब कृषि मज़दूरी का काम मिलना बंद हो जाता है। पानी और चारे की कमी के चलते ये अपने पशुओं को जंगल में छोड़ देते हैं, जहां वन विभाग के कर्मचारी इन्हें पकड़कर भारी जुर्माना वसूलने के बाद ही छोड़ते हैं। जुर्माना न दे पाने की सूरत में मवेशियों की नीलामी कर दी जाती है और इससे आदिवासियों की ज़िंदगी और भी दुश्वार हो जाती है।

बीमार पड़ने पर सहरिया आदिवासियों को आगरा (पास का छोटा क़स्बा) स्थित प्राथमिक स्वास्थ्य केंद्र तक पहुंचने में डेढ़ दिन का वक्त लगता है। गांव के डेढ़ सौ परिवारों में से अधिकांश को त्वचा संबंधी बीमारी है। कुछ को घेंघा की शिकायत है, लेकिन प्राथमिक स्वास्थ्य केंद्र में उनके लिए कोई उपचार उपलब्ध नहीं है।

स्कूल की इमारत तो है, लेकिन शिक्षक नदारद। गांवों में भारत मार्क 2 हैंडपंप भी है लेकिन उसे खराब हुए ज़माना बीत गया है। बच्चों के लिए दोपहर का भोजन योजना लागू होने की बात तो भूल ही जाइए। महीने में तीन या चार दिन दोपहर का भोजन मिल जाए तो गनीमत है। गांव की सार्वजनिक वितरण प्रणाली (पीडीएस) की

राशन दुकान माह में सिर्फ एक दिन ही ही खुलती है।

बदहाल विस्थापन से तंग आकर सहरिया आदिवासियों ने 20 मई 2008 को कूनो-पालपुर अभयारण्य के गेट पर धरना-प्रदर्शन किया। उनकी मांग थी कि जब तक उन्हें बतौर विस्थापित मूलभूत सुविधाओं का हक नहीं मिल जाता, वन विभाग जंगल में प्रवेश करने की इजाज़त दे। लेकिन शांतिपूर्ण प्रदर्शन कर रहे आदिवासियों पर पुलिस ने लाठीचार्ज किया, और अब दो दर्जन से ज़्यादा आदिवासी मुक़दमे का सामना कर रहे हैं।

मकान बनाने के लिए 36 हज़ार रूपयेरुपए के अलावा हर विस् थापित परिवार के लिए एक लाख रुपए का वित्तीय पैकेज भी शामिल किया गया था। लेकिन इसमें कृषि भूमि, सामुदायिक सुविधाओं, चारागाह, जलाऊ लकड़ी के लिए जगह का विकास और घरेलू सामान के परिवहन का खर्च भी जोड़ दिया गया। आज ये सुविधाएं ज़मीन पर कहीं नज़र नहीं आतीं।

नए बसाए गए गांवों में पहले से रह रहे बाशिंदों के लिए भी संसाधन कम पड़े। इसलिए नए लोगों को पुराने बाशिंदों के साथ संसाधनों के लिए संघर्ष करना पड़ा। ऐसा इसलिए हुआ कि इन मेज़बान गांवों के जोखिम का कभी आकलन नहीं किया गया और न ही उनके नुकसान के लिए मुआवज़े के बारे में कभी सोचा गया। मुआवज़े (अगर बावक्त मिले) बांटने में सारा ध्यान यहां आकर बसने वाले गांवों (आमफहम तौर पर) या विस्थापित गांवों पर ही

दिया गया।

मुआवज़े को लेकर विकासवादी सोच एक तो यूं ही दुर्लभ है, इनमें भी उस समुदाय के लिए इसमें जगह होती ही नहीं, जिनके बीच में उजड़े हुए लोगों को लाकर बसाया जाता है। वे सांस्कृतिक रूप से विस्थापितों जैसे ही होते हैं और अमूमन उतने ही गरीब भी।

कोर ज़ोन से निकाले गए सहरिया लोगों को चार संरक्षित फॉरेस्ट ब्लॉकों, आगरा, चेंतीखेड़ा, उमरीकलां, और दोदरीकलां में 3721 हेक्टेयर ज़मीन को डि-नोटिफाइड करके बसाया गया। इस डि-नोटिफिकेशन से ही 24 नए गांव बसाए गए। यहां पहले से ही गांव मौजूद थे और यहां की आबादी का अधिसंख्य हिस्सा सहरिया जनजाति का ही था।

विस्थापित सहरिया पर बड़ा असर अपने खुले चरागाह खो देना था। विस्थापन से पहले यह ज़मीन उपलब्ध थी, लेकिन अचानक इस ज़मीन में कमी आई तो होस्ट गांवों में भी मवेशी पालन में नाटकीय बदलाव आ गया। चारे की मात्रा और गुणवत्ता पर भी असर पड़ा। गायों को खुले में छोड़ना मुमकिन नहीं रहा और गांवों के पास बकरियों का खुले में चरना तो असंभव ही हो गया।

होस्ट गांवों ने अपने यहां रहने आए स्थायी मेहमानों को अपने संसाधनों में हिस्सा बंटाते देख दो तरह का रास्ता अपनाया। कम आय वाले लोगों ने अपने मवेशी कम कर दिए और जो लोग गाय पालते थे वह बकरी पालने लगे। मवेशी कम होने का असर उनकी

खेती की पैदावार पर भी पड़ा। दूसरी तरफ जिनके पास थोड़ा भी पैसा था, उन लोगों ने अपने परिवार के एक-दो लोगों को मवेशीपालन में ही लगा दिया और ऐसे परिवारों ने अपने जानवरों के लिए जंगल के बफर ज़ोन में अस्थायी बाड़े बनवाए, जिनको खिरकई कहा जाता है। यहां बरसात की शुरुआत से लेकर जाड़े के अंत तक मवेशी रखे जाते हैं।

मेज़बान गांवों में इकट्ठा किए जाने वाले वनोपज की मात्रा में भी नाटकीय रूप से कमी आई है और उनके क्रियाकलापों में से कई तो स्थायी रूप से खत्म हो गए। शिकार कम हो गया और अब सहरिया लोगों के बच्चों के भोजन में से प्रोटीन की मात्रा भी कम हो गई।

बहरहाल, अभी का सच यही है कि 8 हज़ार लोग अपनी जड़ों से उखड़कर नई जगह पर ज़िंदगी को नई शक्ल देने की कोशिशों में लगे हैं। अभयारण्य के पांच किलोमीटर के दायरे में बसा टिकटोली रहेगा या हटेगा, किसी को नहीं मालूम। बाकी विस्थापितों की बदहाली देखकर टिकटोली के लोगों का साफ़ कहना था कि जब तक सही तरीके से पुनर्वास का इंतज़ाम नहीं होता, तब तक वे मैदान नहीं छोड़ेंगे।

वन्य जीव पर्यावरण के लिए ज़रूरी हैं। आज स्थिति ये है कि विस्थापित सहरिया समुदाय अपनी मूल भाषा भुला चुका है। एक भाषा या संस्कृति का खत्म होना, अपने-आप में एक त्रासदी है। एक पूरी विरासत और इतिहास का खत्म हो जाना है। जंगल बनाम

शहर, वन्य जीव बनाम इंसान, पर्यावरण बनाम विकास की चर्चा शायद बहुत आगे तक चले, निश्चित रूप से जंगल, वन्य जीव और पर्यावरण को बचाए रखना बहुत ज़रूरी है, लेकिन उतना ही ज़रूरी है उस इंसान को बचाए रखना जो हमारी आपकी मुख्यधारा से दूर हाशिए पर खड़ा है।

नियामगिरि

नियामगिरि के हकदार

दिल्ली। जगह: दरबार हॉल, होटल ताज पैलेस। वातानुकूलित हॉल, रंग-बिरंगी रोशनी। वेटर मेरे पास आकर मुझे जूस और रोस्टेड चिकन के लिए पूछता है। किसी ट्रैवल मैगजीन ने पुरस्कारों का आयोजन किया है।

आयोजन में कई होटल वालों को पुरस्कार मिलना है। कयास लगाता हूं कि ये वो लोग होंगे जो उक्त पत्रिका में विज्ञापन देते होंगे। एक मंत्री भी आने वाले हैं, दो फिल्मकार हैं। जिनमें से एक के नाम पर पुरस्कार है, दूसरे को पुरस्कार दिया जा रहा है।

बगल की टेबल पर बैठी एक लड़की ने काफी छोटी और तंग हाफ पैंट पहनी है। उसके पेंसिल लेग्स दिख रहे हैं। साथ में तेरह-चौदह साल का लड़का अपनी ही अकड़-फूं में है।

दोनों सम्माननीय महिलाओं के बदन पर चर्बी नहीं है। हड्डियां दिख रही हैं, कॉलर बोन भी। डायटिंग का कमाल है। वो बड़ी नज़ाकत से जूस का सिप ले रही हैं। वो हाफ पैंट वाली कन्या बार टेंडर से कुछ लाकर पी रही है, पर वह कैलोरी वाला कुछ नहीं खा रही।

शरीर से मैं दरबार हॉल में हूं, लेकिन दिमाग़ उड़कर चला गया है नियामगिरि इलाके के जरपा गांव में। मेरे दिलो-दिमाग़ में अभी जरपा गांव ताज़ा है। निस्सीम हरियाली। जीवन में इतनी अधिकतम हरियाली एक साथ नहीं देखी थी।

नियामगिरि के जंगलों में डंगरिया-कोंध जनजाति रहती है। मर्द-औरतें दोनों नाक में नथें पहनते हैं, कपड़े के नाम पर महिलाएं भी

कमर के ऊपर महज गमछा लपेटती हैं। दो वजहें हैं-अव्वल-तो उनकी परंपरा है, और उनको जरूरत भी नहीं। दूसरे, तन ढंकने भर को ही कपड़े उपलब्ध हैं।

कुपोषण से गाल धंसे हुए। डोंगरिया-कोंध लोगों की आबादी नहीं बढ़ रही क्योंकि छोटी-मोटी बीमारियों में भी बच्चे चल बसते हैं। गांव में सड़क नहीं, पीने का पानी नहीं, बिजली वगैरह के बारे में तो सोचना ही फिजूल है। जरपा तक जाने में हमें पहाड़ी जंगल में बारह किलोमीटर चढ़ाई करनी पड़ी थी।

कुछ वक्त हुआ, नियामगिरि बवाल बना हुआ था। अभी भी है। किस्सा-कोताह यह है कि वेदांता नाम की कंपनी को लांजीगढ़ की अपनी रिफाइनरी के लिए बॉक्साइट चाहिए। नियामगिरि में बॉक्साइट है। लेकिन नियामगिरि में आस्था भी है। डोंगरिया-कोंध जनजाति के लिए नियामगिरि पहाड़ पूज्य है, नियाम राजा है।

तो आज़ादी के छियासठ साल बाद, सरकार को सुध आई कि इन डोंगरिया-कोंध लोगों का विकास करना है, उनको सभ्य बनाना है। इसके लिए इस जनजाति को जंगल से खदेड़ देने की बात तय की गई। योजना बनाने वालों ने सोचा, भई, जंगल में रह कर कैसे होगा विकास?

लेकिन डोंगरिया-कोंध को लगता है विकास की इस योजना के पीछे कोई गहरी चाल छिपी है। कोंध लोगों को अंग्रेज़ी नहीं आती, विकास की अवधारणा से उनका साबका नहीं हुआ है, उनको

ग्रीफिथ टेलर ने नहीं बताया कि जल-जंगल-जमीन को लूटने वाली मौजूदा अर्थव्यवस्था आर्थिक और पर्यावरण भूगोल में अपहरण और डकैती अर्थव्यवस्था कही जाती है।

डोंगरिया-कोंध जनजाति के इस लड़ाके तेवर पर नियामगिरि सुरक्षा समिति के लिंगराज आज़ाद ने कहा था, "आदिवासियों के

बाल काट देना उनका विकास नहीं है। आदिवासी अगर कम कपड़े पहनते हैं और यह असभ्यता की निशानी है, तो उन लोगों को भी सभ्य बनाओ जो कम कपड़े पहन कर परदे पर आती हैं।

कम कपड़ों के आधार पर किसी समुदाय को बर्बर-असभ्य कहने पर मुझे गहरी आपत्ति है।"

दरबार हॉल की महिला के उभरे हुए चिक-बोन्स और डोंगरिया लड़की के गाल की उभरी हुई हड्डी में अंतर है। वही अंतर है, जो शाइनिंग इंडिया में है, और भारत में।

टीवी पर विज्ञापन आता है, हो रहा भारत निर्माण। मन में सवाल है, अब तक किस भारत का निर्माण किया गया? वेदांता, पॉस्को, आर्सेलर मित्तल ने किसके लिए लाखों-करोड़ों लगाया है भला!

जरपा गांव में मेरे पत्तल पर भात और पनियाई दाल डालने वाली आदिवासी कन्या की मुस्कुराहट याद आ रही है। उसके धंसे गालों में से सफेद दांत झांकते थे, तो लगा था यही तो है मिलियन डॉलर स्माइल। उसकी मुस्कुराहट, झरने के पानी की तरह साफ-शगुफ़्ता, शबनम की तरह पाक।

जरपा तुम धन्य हो।

*

इतिहास शायद ऐसे ही बनता है। देशभर के जनांदोलनों की तस्वीर में नियामगिरि एक मिसाल बन गया है। 19 अगस्त, 2013 को सुप्रीम कोर्ट के आदेश पर आयोजित होने वाली बारह ग्रामसभाओं

में से आखिरी ने भी वेदांता को खनन के लिए अपनी ज़मीन देने से इनकार कर दिया। प्रकृति के अंधाधुंध दोहन को ही विकास मानने वाले लोगों के लिए यह बुरी ख़बर रही। लेकिन उन लोगों के लिए खुशख़बरी है, जो विकास के नाम पर 'अपहरण और डकैती अर्थव्यवस्था' के ख़िलाफ़ हैं।

संयोग ही था कि जरपा गांव में बादलों से भरी उस सुबह जैसे ही आखिरी वोटर ने सुप्रीम कोर्ट द्वारा नियुक्त सत्र न्यायाधीश एस.के. मिश्रा के सामने वेदांता को ज़मीन देने से इनकार किया, बादल गड़गड़ा उठे और धारासार बरसात शुरू हो गई। पल्लीसभा में मौजूद जनजातियों की भीड़ हर्षोन्मत्त होकर चीख पड़ी, नियाम राजा की जय, नियामगिरि जिंदाबान (ज़िंदाबाद का स्थानीय शब्द)। उनको लगा, उनके फ़ैसले पर नियाम राजा ने अपनी मुहर लगा दी है।

बहुराष्ट्रीय अल्युमिनियम कंपनी वेदांता के 40,000 करोड़ की परियोजना से पहले किसी को नियामगिरि का पता नहीं था। यह इलाका सियासी और विकास के नक्शे में, हर तरह से लुप्त था। अपनी ही तरह की ज़िंदगी जीने वाला इलाका। हां, अस्सी के दशक में इस इलाके को एक और गलत वजह से मशहूर होना पड़ा था। उन कुछ सालों इधर फसल अच्छी नहीं हुई थी, जनजातीय लोगों ने जंगली कंद-मूल खाने शुरू कर दिए थे। कुछ ने ज़हरीले कंद भी खा लिए। अंतरराष्ट्रीय प्रेस ने इस इलाके में भुखमरी से हुई मौतों की रिपोर्टिंग की थी। सूबा: उड़ीसा, इलाका: कालाहांडी। याद तो आ

ही गया होगा। नियामगिरि, कालाहांडी और रायगढ़ा ज़िलों में आता है।

केबीके त्रिकोण और सूखा

प्राचीन भारत में कोरापुट-बोलांगीर-कालाहांडी के त्रिकोण वाले इलाके को महाकंतारा (गहन वन) कहा जाता था। लेकिन आजकल जंगल का इलाका तेज़ी से कम होता जा रहा है। पहले, इस इलाके के लोग जंगल से उत्पाद इकट्ठा करके तकरीबन हर मामले में आत्मनिर्भर थे। कालाहांडी तो खैर धान के ज़ोरदार उत्पादन के लिए मशहूर था।

कालाहांडी रत्नों के लिए भी मशहूर रहा है और इस इलाके के नाग राजाओं की कुलदेवी मणिकेश्वरी भी इसी खज़ाने की तरफ इशारा करती हैं। दिलचस्प बात यह है कि 1985 से ही कालाहांडी अकाल और भुखमरी की खबरों के लिए राष्ट्रीय और अंतरराष्ट्रीय मीडिया में सुर्खियां बटोरता रहा है लेकिन भवानीपटना (कालाहांडी का एक शहर) में आधुनिक होटलों की कतार कुछ और ही कहानी कहते हैं। विपदा के बाद भी कालाहांडी में देश भर से व्यापारियों का आना नहीं रुका। कालाहांडी के रत्नों की चमक कारोबारियों की तिजोरी भरती रही, यहां के लोग भूख से जूझते रहे। भूख बर्दाश्त से बाहर हुई तो केबीके त्रिकोण के करीब एक लाख लोग (उनमें से भी अधिकतर गौर लोग, जो अनुसूचित जनजाति के हैं) जाकर मध्य प्रदेश के रायपुर (जो अब छत्तीसगढ़ में है) रहने लगे। रायपुर के जिस

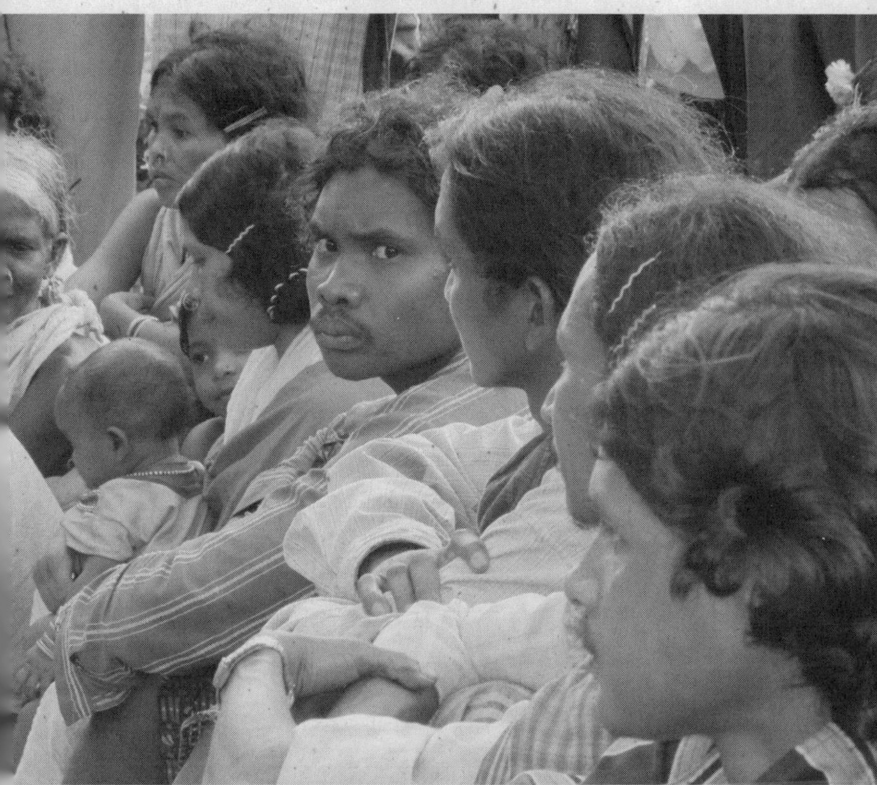

इलाके में वह लोग रहते हैं उसे रायपुर का 'नरक' कहा जाता है।

कालाहांडी और आसपास के इलाके में सूखे का एक लंबा इतिहास है। 1868, 1884 और 1897 में यहां भीषण सूखा और अकाल पड़ा था। 1899 के अकाल को यहां के लोग *छप्पन सालार दुर्भिक्ष्य* कहते हैं, और इसका असर लोगों के जीवन पर आज भी

है। आज भी उड़ीसा के किसी घर में कोई बच्चा भूख से रोता है तो मां डांटती हुई कहती है, तुम छप्पन साल के अकाल-पीड़ित की तरह क्यों रो रहे हो?

अकालों ने इस इलाके में समाजार्थिक रूप से दूरगामी प्रभाव छोड़े हैं। 1919-1920 में एक और अकाल आया जो अपने साथ हैजा, इंफ्लूएंजा और अनाज की कमी की वजह से कुपोषण भी लेकर आया। उसके बाद 1922-23, 1925-26, 1929-30, 1954-55, 1955-56 में कालाहांडी में अकाल की श्रृंखला चली।

कालाहांडी में 1965-66 के भयानक सूखे ने लोगों की आर्थिक रीढ़ ही तोड़ दी। पानी की कमी से उस वक्त तीन-चौथाई फसल बरबाद हो गई। इस अकाल का असर 1967 तक महसूस होता रहा। उस वक़्त ज़िला गज़ेटियर में लिखा गया:

"हर तरह के खेतिहार काम रुक जाने से भूमिहीन खेतिहर मज़दूरों की यहां की बड़ी आबादी बेरोज़गार हो गई है। लेकिन उनसे भी बुरी हालत है किसानों की, जो न तो फसल ले पाए हैं और न ही वह मज़दूरी कर सकते हैं।"

1974-75 में और फिर 1985 में दशकीय जनगणना की तरह अकाल हर दशक में अपनी मौजूदगी दर्ज कराता रहा। साल 1956 और 1966 के भयावह अकालों के बाद इस इलाके के धनी-मानी किसान भी मध्यवर्गीय किसानों में तब्दील हो गए थे और मध्यवर्गीय किसान तो गरीबी रेखा के आसपास पहुंच चुके थे। सबके सब

सुखबासी (कालाहांडी में सुखबासी भूमिहीन और दिहाड़ी मजदूरों को कहा जाता है) बन गए थे। सुखबासी वह, जो सुख से रहते हैं। कहावत है: *गाय नई गोरू, सुखे नींद कोरू।* मतलब, वह आदमी जिसके पास न गाय हो न कोई और मवेशी वह सुख की नींद ले

सकता है।

सांख्यिकी और आर्थिक ब्यूरो, उड़ीसा के मुताबिक दक्षिण-पश्चिम कालाहांडी में 'हर तीसरे और चौथे साल सूखा होता है।'

लेकिन, इस सूखे और अकाल में भी अपनी राजनीति है, जो यहां के लोकगीतों में भी साफ दिखता है। दो मिसालें हैं,

सजनी, जादादाछा टिपी माला
आमारी देसारे अकालाकाला
इंदिरा गांधी साहा हेला
(ओ साथी, अरंडी के पेड़ की फुनिगियां सूख गईं
देस में सूखा आ गया है
इंदिरा गांधी ने हमें बचाया।)

सूखे के दौरान सिंचाई के लिए मोटर के इस्तेमाल पर कालाहांडी में लोकगीत है,

सजनी, हातीकाना दारापाना
मारुदी हेलाना थकीला पेना
मोटारा पाइपा घेना
(ओ साथी, हाथी के कान जैसे दर्पण
बारिश ने दिया धोखा, सूखा आ गया
मोटर पंप खरीदो।

जुलाई 1985 में सूखे की स्थिति का जायजा लेने आए प्रधानमंत्री राजीव गांधी पर भी एक लोकगीत है,

सजनी, देसारे अकालाकाला

अमारा राजीब गांधी हो साते

झाजे उतरिला, साते सिनापाली टेसन काला हो

नुआती जाना

(ओ साथी, देस में सूखा आया है

हमारे राजीव गांधी विमान में आए

सिनापली स्टेशन में रुके

ओ अमावस्या, मुझे सुनो)

आखिर निग्रामगिरि क्या बला है?

जब आप भारत के भौगोलिक नक्शे को देखेंगे तो पूर्वी तट पर आपको एक पहाड़ी श्रृंखला नज़र आएगी। बंगाल की खाड़ी की तरफ जो पहाड़ी श्रृंखला है उसे पूर्वी घाट कहा जाता है। इस पूर्वी घाट में जाकर दक्कन के पठार का हिस्सा भी मिल जाता है। छत्तीसगढ़ से शुरू हुआ यह पठार का यह हिस्सा उड़ीसा में नियामगिरि कहलाता है। यह बोलांगीर ज़िले से शुरू होकर, कोरापुट और कालाहांडी तक और आंध्र प्रदेश की तरफ रायगढ़ा ज़िले तक जाता है।

नियामगिरि, डोंगरिया-कोंध जनजाति का सदियों पुराना घर है। घर ही क्यों, अस्पताल, मंदिर, खेत-खलिहान-थाना-कचहरी सब कुछ। डोंगरिया-कोंध जनजाति की आस्था नियामगिरि में है। वो इसे देवता मानते हैं और इसी के सहारे अपना जीवन-यापन करते हैं।

नियामगिरि की श्रृंखला कोरापुट, कालाहांडी, बोलांगीर और रायगढ़ा नाम के निर्धनतम जिलों को पालती है। इस पहाड़ी से यहां के लोगों को पानी मिलता है, फल-फूल मिलते हैं, लकड़ी, वनोत्पाद, धान, मक्का, औषधियां सब कुछ मिलती हैं। खेतों की कुदरती सिंचाई जिस तरह यहां के पहाड़ों से होती है, ऐसा उदाहरण शायद देश में कहीं और न मिले।

इन पहाड़ों को आज तक किसी ने नहीं छुआ। यहां ज़िंदगी बेरोकटोक अपनी गति से ठीक-ठाक चलती रही है, बावजूद इसके कि मुख्‌ यधारा के समाज की तुलना में इसे हमेशा से सबसे गरीब कहा जाता रहा। कभी सरकार ने केबीके (कोरापुट, बोलांगीर कालाहांडी,) परियोजना चलाई तो कभी इंटीग्रेटेड ट्राइबल डेवलपमेंट एजेंसी ने कोशिशें की, लेकिन इन सब योजनाओं की परिणति दरअसल आज वेदांता बनाम नियमगिरि के इकलौते संघर्ष में आकर सिमट गई है।

कालाहांडी जाने के रास्ते में अपनी गाड़ी से बाहर झांकता हूं, हरियाली का असीम विस्तार है। काले घने मेघों ने ज़ोरदार बारिश का उपहार दिया है इस इलाके को। खिड़की की कांच के बाहर बूंदों ने मोतियों की माला सरीखी लड़ी बना रखी है। इतनी घनी बरसात नियामराजा की देन है। कॉरपोरेट लॉबी की यहां खनन करने की मंशा कामयाबी रही तो नियामगिरि की हरियाली, आसमान से लगी झड़ी, हहराते बरसाती नालों और सदानीरा नदियों का क्रम टूट जाएगा।

आज की तारीख़ में नियामगिरि आदिवासियों के लंबे और अथक संघर्ष का प्रतीक बन चुका है, लेकिन नियामगिरि का घटनाक्रम पेसा और वनाधिकार कानून जैसे प्रगतिशील कानूनों की संभावनाओं को भी दर्शाता है।

मामला इतना है कि लंदन की कंपनी वेदांता, लांजीगढ़ में अपनी अल्युमिनियम की रिफाइनरी चलाने के लिए नियामगिरि पहाड़ियों से बॉक्साइट खोदने का अधिकार चाहती है। जबकि कोरापुट, कालाहांडी, बोलांगीर और रायगढ़ा जैसे निर्धनतम ज़िलों में नियामगिरि की पहाड़ियां जनजातीय जीवनशैली में रोज़गार और आस्था दोनों का केंद्रबिंदु है।

कालाहांडी पहुंचा। इस इलाके की अलग छवि थी मन में। अस्सी के दशक के मध्य में इस इलाके में भुखमरी की घटनाओं के बारे में सुन रखा था। इस बदनामी और प्रसिद्धि का एक अलग असर भी है। कालाहांडी ज़िले के अपेक्षाकृत बड़े शहर भवानीपटना पहुंचता हूं, तो रात के ग्यारह बज चुके हैं। होटल का कमरा बुक है। होटल भी बढ़िया है। मैं भौंचक्का हूं, लेकिन होटल के बगल में वातानुकूलित बार भी है। वाकया कुछ-कुछ समझ में आने लगता है। यह पॉवर्टी टूरिज़्म है। गरीबी पर्यटन। देशी-विदेशी सैलानी यहां गरीबी का अध्ययन करने आते हैं।

वेदांता के लिए, लांजीगढ़ और नियामगिरि उड़ीसा के पूर्वी घाट के बॉक्साइट के ख़ज़ाने हैं, जहां तकरीबन 1.8 बिलियन टन बॉक्साइट भंडार है। यानी इसका मतलब 25 नियामगिरि पहाड़ों को कुल एक साथ मिला दिया जाए, उतना। यह भंडार कंडोलाइट्स चट्टानों के बेस रॉक्स (आधारी चट्टानों) में है। इन चट्टानों का नाम ब्रिटिश जियोलजिस्ट टी एल वॉकर ने 1902 में कोंध जनजाति के

नाम पर रखा था। और अब यही यहां के लोगों के लिए जी का जंजाल बना है।

एक अधिकारी कहते हैं कि इन चट्टानों को अलुमिना में बदलने के लिए बेहद कम ऊर्जा की ज़रूरत होती है। इससे ऊर्जा की लागत में काफी कमी की जा सकती है। अल्युमिनियम के सबसे बड़े उत्पादक, वेदांता के लिए उड़ीसा का दांव सबसे अच्छा और फायदेमंद है क्योंकि यहां के अलावा बॉक्साइट के सबसे अधिक निक्षेप गिनी में हैं और पश्चिम अफ्रीका का यह देश अभी राजनीतिक अस्थिरता से जूझ रहा है। कंपनी जनजातियों के हक में यह निक्षेप छोड़ने के लिए कत्तई राजी नहीं है क्योंकि उसकी प्रतिद्वंद्वी कंपनियों को पहले ही इस इलाके में खदानें आवंटित हो चुकी हैं।

आदित्य बिरला ग्रुप, हिंडाल्को की उत्कल अलुमिना प्रोजेक्ट, पहले ही रायगढ़ा में बाफली माली हिल्स में 195 मिलियन टन बॉक्साइट निक्षेप हासिल कर चुकी है। लोगों की मुखालिफत की वजह से कंपनी को इसे हासिल करने में 21 साल लगे। इस आंदोलन को आमतौर पर काशीपुर आंदोलन कहा जाता है। अल्युमिनियम उत्पादक दूसरी कंपनी, नाल्को है (सार्वजनिक क्षेत्र) कोरापुट ज़िले में पंचपतमाली हिल्स में 1987 से ही खनन कर रही है। इस पहाड़ी में 314 मिलियन टन बॉक्साइट निक्षेप है। कोडिंगमाली में 81 मिलियन टन बॉक्साइट निक्षेप है और यह हिंडाल्को की सबसिडियरी आदित्य अलुमिना को मिला हुआ है।

नियामगिरि में खनन के खिलाफ जनजातियों के वोट के बाद, वेदांता ने इसका ठीकरा राज्य की सरकारी कंपनी उड़ीसा माइनिंग कॉरपोरेशन पर फोड़ दिया है, और उससे कहा है कि लांजीगढ़ रिफाइनरी के लिए बॉक्साइट की आपूर्ति वह करे। कंपनी मानती है कि जनजातियों का यह वोट उनसे परामर्श के तौर पर लिया गया था औरकंपनी इसे वीटो के तौर पर नहीं देखती।

पल्ली सभाओं का फैसला और उसका अर्थ निकालने का काम अब पर्यावरण मंत्रालय के पास है।

चमेली सिकाका को कैमरे के सामने आने में कोई परहेज़ नहीं है। जरपा गांव जाते वक्त मुझे वह एक चढ़ाई से पहले मिली। कंधे पर टांगी (कुल्हाड़ी) लटकाए। जरपा और बाकी के 11 गांव, जहां वोटिंग होनी थी, वह इस जंगल में जनजातीय विरोध का केंद्र है। बॉक्साइट के लिए वह अपना घर छोड़ने को कत्तई राजी नहीं। नियामगिरि पहाड़ियों के 25 किलोमीटर के व्यास क्षेत्र में करीब 8 हज़ार डोंगरिया-कोंध आदिवासी हैं। इन सबका जीवन आजतक आत्मनिर्भर रहा है। चमेली ज़ोर देकर कहती है, "हमारा नियामराजा हमारे लिए खाने, साग के पत्तो से लेकर, कंद-मूल और दवा-औषधि तक लिए काफी है। नियामराजा की वजह से नदियों में सालोंभर पानी है, न जाने कितने फलों के जंगल हैं, मसाले हैं, मशरूम हैं, मोटे अनाज हैं। हम बाहर क्यों जाएं?"

यह जनजाति जंगल जलाकर झूम खेती करती है, जिसे डोंगर

कहा जाता है। लेकिन जंगल जलाने से भी जंगल में कमी नहीं आती है। खेत हमेशा के लिए नहीं बनाए जाते। तीन साल के बाद खेत परती छोड़ दिए जाते हैं, जहां जंगल फिर से उग आता है। यह जनजाति कुछ मीटर कपड़ों, नमक और केरोसीन और कभी-

कभार सूखी मछलियों के लिए ही बाज़ार जाया करती है।

चमेली ठीक ही कहती है, पैसा लेकर वह क्या करेगी!

जरपा गांव में जब हम पहुंचे थे, तो आसमान बादलों से भरा तो था लेकिन बरसने के आसार कम ही लग रहे थे। वैसे, कल शाम तक जो बारिश हुई थी उससे माहौल में कीचड़ से किच-किच थी। लेकिन जरपा नाम का छोटा-सा पुरवा साफ-सुथरा था। फूस की झोंपड़ियां, जहां कुछ औरतें अपने घरों के नीची छत वाले बारामदों में पत्तल बना रही थीं। कीचड़ से भरे आंगन में कुछ मुरगियां टहल रही थीं। एक लड़की पास में बहते पहाड़ी नाले से बरतन धोकर ला रही है, दूसरी एक कमरे से जलाने के लिए लकड़ियां निकाल रही है। हम जैसे मेहमानों के लिए ओसारे के चूल्हे पर धुआंती सीली लकड़ी जल रही है, जिसमें अभिषेक रंजन सिंह की चाय बनाने कोशिशें आखिरकार कामयाब होती दिख रही हैं।

नियामगिरि पहाड़ियों पर 53 किस्म और नस्ल की फसलें बिना किसी रसायन के उगाई जाती हैं। साथ ही, इन जनजातियों के पास 273 किस्म की जंगली भोजन भी उपलब्ध हैं।

जरपा और इसके जैसे 11 गांवों के लोगों को पहली बार किसी खनन परियोजना में अपनी राय देने का हक सुप्रीम कोर्ट ने दिया था। यह एक ऐतिहासिक क्षण रहा।

डंगरिया-कोंध को आदिम (प्रिमीटिव) जनजातीय समूह या पीटीजी (प्रिमीटिव ट्राइबल ग्रुप) माना जाता है। सिर्फ यही जनजाति

नहीं बल्कि बाकी गैर-जनजातीय रहवासी भी नियामगिरि की पूजा करते आए हैं। इन जंगलों के संरक्षक और दाता नियामराजा न सिर्फ कुलदेवता हैं बल्कि सर्वोच्च देवता भी हैं। सुप्रीम कोर्ट ने 18 अप्रैल को दिए अपने फैसले में भी इस बात को माना तो है लेकिन बहुत हल्के से, "अगर बॉक्साइट खनन परियोजना, किसी भी तरह से, उनके देवता, नियामराजा, जो उन पहाड़ियों की चोटी पर है, की पूजा के अधिकारों से उन्हें वंचित करता है, तो उस अधिकार की संरक्षा और सुरक्षा होनी चाहिए।"

उड़ीसा सरकार ने सुप्रीम कोर्ट में तर्क दिया कि डोंगरिया-कोंध हुंदिजली चोटी की पूजा करते हैं, जो कि नियाम डोंगर से 10 किलोमीटर दूर है। नियाम डोंगर नियामराजा की जन्मस्थली है और प्रस्तावित खनन स्थल भी। वैसे, तथ्य यह है कि वनवासी इस पूरी पहाड़ी श्रृंखला की ही पूजा करते हैं, राज्य सरकार ने पूजा स्थल को एक खास स्थल तक सीमित करने के बारे में तर्क प्रस्तुत किए।

वैसे, साल 2002 में प्रकाशित एक किताब *फॉरेस्ट ट्राइब्स ऑफ उड़ीसा: डोंगरिया कोंध* में नियामराजा पेनु (कुवी भाषा में पेनु मतलब देवता होता है) के उनके जीवन पर पड़ने वाले असर को दर्ज किया गया है।

पुस्तक कहती है, "डोंगरिया-कोंध लोगों के मौखिक इतिहास में नियामगिरि पहाड़ियों का महत्व भारी बारिश, ठंडी जलवायु, और सदानीरा पहाड़ी नालों के स्रोत के रूप में माना गया है...यह

विश्वास है कि यह वातावरण उनके सर्वोच्च देवराज ने पैदा किया है। डोंगरिया कोंध नियामराजा को अपना पहला राजा मानते हैं, और उन्हें अजर-अमर मानते हैं। अगर उनके द्वारा तय किए गए जंगल के कानून तोड़े जाते हैं, तो वह क्रुद्ध हो जाते हैं। वह जंगल में शिकार के जरिए सामूहिक संहार करने वालों को और उनकी अनुमति के बिना जंगल काटने वालों दंडित करते हैं। नियामराजा छोटी पहाड़ियों के सभी देवताओं के प्रमुख भी माने जाते हैं।"

उड़ीसा सरकार की 2008 में प्रकाशित किताब नियामराजा को दो पंक्तियों में निपटा देती है कि वह दसारा (दशहरा) और जूरा परब पर पूजे जाते हैं और लोगों को अकाल मृत्यु और दुर्घटनाओं से बचाते हैं।

डोंगरिया कोंध नियामराजा के न रहने के नाम से ही भयभीत हो जाते हैं हमारी चिंता भीमा पेनु (बारिश के देवता) तक कौन पहुंचाएगा? हमारे जंगल की रक्षा कौन करेगा?

नियामराजा डोंगरिया-कोंध जनजाति की चिंताओं और दुखों को दूसरे देवताओं-गामा पेनु (सूर्य), धरनी पेनु (धरती) और गंगी पेनु (असंख्य पहाड़ी झरनों की देवी) तक पहुंचाने वाले माध्यम भी हैं। अपनी श्रद्धा के तहत यह जनजाति किसी पहाड़ी चोटी के पेड़ कभी नहीं काटती।

सदियों से जंगल के साथ रहती आई यह जनजाति और इस इलाके के सभी लोग, जंगल के मां-बाप, देवता-देवी सब मानते

हैं। अगर परियोजना लागू हो जाएगी, तो नियामगिरि को खोद दिया जाएगा, इलाके के 112 गांव खोद दिए जाएंगे, और कुदरत के साथ जीने वाले यह आदिवासी कस्बों, शहरों में 'कुली-कमारी' (दिहाड़ी मजदूर) बनने को अभिशप्त हो जाएंगे।

विकास की मौजूदा अवधारणा के समर्थक सवाल करते हैं कि गोते लगाती हुई अर्थव्यवस्था के बीच खनन के लिए रोक पर ऐसी आवाज़ों से अंतरराष्ट्रीय बिरादरी में क्या संदेश जाएगा और क्या इससे भारत का अंतरराष्ट्रीय निवेश के लिए अनुकूल होने की छवि बरकरार रह पाएगी? लेकिन इसी के बरअक्स यह सवाल भी है कि करीब 72 मिलियन टन बॉक्साइट सिर्फ नियामगिरि के पचीस किलोमीटर की परिधि में फैला है (कुल निक्षेप 1.8 बिलियन टन है), इसका दोहन ज़रूरी है तो इस इलाके के 112 गांवों में रह रहे आठ हज़ार से ज्यादा आबादी वाले डोंगरिया-कोंध नाम की आदिम जनजाति के अधिकारों का क्या होगा?

कौन हैं ये डोंगरिया-कोंध?

खोंड या कोंध। स्थानीय भाषा में डंगर का मतलब है पहाड़, डंगरिया उन्हें कहा जाता है जो पहाड़ों पर रहते हैं। इसलिए इस जनजाति को कहा जाता है डंगरिया-कोंध। ज्यादातर कालाहांडी और रायगढ़ा ज़िले में बसे इस समुदाय की आबादी पूरे राज्य में तकरीबन 8 हज़ार से थोड़ी अधिक है, जिनमें से लगभग साढ़े 5 हज़ार लोग द्रविड़ परिवार की कुई और उसकी दक्षिणी बोली कुवी बोलते हैं।

अधिकांश कोंध अब धान की खेती करते हैं, लेकिन अब भी कुटिया कोंध जैसे ऐसे कुछ समूह हैं, जो झूम खेती पर निर्भर हैं।

राज्य में 60 से अधिक आदिवासी जातियां निवास करती हैं, इनमें 22 आदिम जनजातियां (प्रिमीटिव ट्राइब) हैं। डोंगरिया कोंध इनमें से एक हैं।

कोंध कई शताब्दियों से पश्चिम, उत्तर और पूर्व की ओर के उड़ियाभाषी और दक्षिण की ओर के तेलगुभाषी समूहों के संपर्क में हैं। कुछ हद तक उन्होंने अपने पड़ोसियों की भाषाएं और परंपराएं अपना ली हैं। बऊद मैदानों में ऐसे कोंध हैं, जो केवल उड़ियाभाषी हैं, आगे पहाड़ियों में कोंध द्विभाषी हैं, अंदरूनी जंगलों के लोग सिर्फ कुई बोलते हैं।

डोंगरिया मर्द और औरतें दोनों बालों में क्लिप लगाते हैं। औरतों के बालों में क्लिप के साथ पीछे खुरपी की तरह दिखने वाला एक छोटा सा हथियार गुंथा होता है। महिलाएं जेवरों के अलावा फूलों से अपने बालों को सजाती हैं। नियामगिरि की पहाड़ियों के पास के जंगलों में गुड़हल, काठचंपा और दूसरे फूल ख़ूब मिलते हैं। महिलाओं से अलग पुरुष नाक में सिर्फ दो नथ पहनते हैं। बाहर जाते समय पुरुष अपने कंधे पर टांगी यानी कुल्हाड़ी लटका लेते हैं। टिन या फूस की छतों वाली झोपड़ियां गांव के बीच से जाने वाले रास्ते के दोनों तरफ बनी होती है। एक दूसरे से बिल्कुल सटी हुई। अधिकतर ग्रामीण पारंपरिक लिबास में रहना पसंद करते हैं।

दूसरी आदिवासी जातियों की तरह डोंगरिया कोंध भी क़तार बनाकर चलते हैं। डोंगरिया आदिवासी गाय, सुअर, बकरी और मुर्गियां पालते हैं, गायों को बाड़ों में रखा जाता है। इन बाड़ों में नीचे बांस और लकड़ी का प्लेटफॉर्म बना होता है, रात में गायों को इनमें बंद कर दिया जाता है।

कौन है नियामगिरि का असली 'सेनापति'?

खुद यहां के लोग, यही आदिम जनजातियां, जिनको पता है कि अगर अपना जंगल और अपनी ज़मीन एक दफ़ा छोड़ दीं, तो फिर वो विलुप्त हो जाएंगे। बारहों पल्लीसभाओं या ग्रामसभाओं में एक स्वर से वेदांता को ज़मीन देने से इंकार करके इस जनजाति ने बता दिया है कि मुख्यधारा के विकास के सब्ज़बाग़ अभी उनको जड़ों से काटने में नाकाम ही हैं।

नियामगिरि की पहाड़ियां पारिस्थितिकी के लिहाज से भी काफी महत्वपूर्ण हैं। वसुंधरा और नगावली जैसी नदियों के साथ ही यहां से 36 सदानीरा नदियां निकलती हैं। जिनसे सिर्फ रायगढ़ा और कालाहांडी नहीं, बल्कि आंध्र प्रदेश के आसपास के ज़िलों के खेतों की भी कुदरती तौर पर सिंचाई होती है। आखिरी ग्रामसभा वाले गांव जरपा में एक डोंगरिया युवक नथुने फुलाकर मुझसे कहता है, 'जगन्नाथ मंदिर के नीचे बॉक्साइट निकल जाए तो वहां भी खोदोगे क्या? अगर नहीं तो हमारे नियाम राजा को क्यों खोदना चाहते हो?'

ऐसा नहीं है कि यह प्रश्न गुस्से में किया गया है। इस प्रश्न के

मायने तलाशने होंगे। देखना होगा कि कथित मुख्यधारा के लोगों के रवैए को लेकर हमारे समाज के हाशिए पर पड़ा तबका किस तरह ठगा हुआ महसूस करता है।

मुख्यधारा ने इन निरीह आदिवासियों को ऐसे सर्कस का प्राणी क्यों बना रखा है? अगर उन्हें महसूस होता है कि बहुसंख्यक और कथित रूप से सभ्य आबादी इनको इनके हज़ारों सालों के घरों से उजाड़ देना चाहती है, तो यह स्वाभाविक है।

ठगे जाने के इस अहसास ने ही डोंगरिया लोगों के मन में ऐसा गुस्सा भरा है कि वेदांता नाम ही उनको भड़काने के लिए काफी होता है। इस आंदोलन में अहम भूमिका निभा रहे लिंगराज आज़ाद चेतावनी देते हैं, 'अगर शांतिपूर्ण तरीके से नियामगिरि से वेदांता को नहीं हटाया गया, तो संघर्ष भी हो सकता है। हमारे नियामराजा को छूने के लिए हज़ारों लोगों के क़त्ल करने होंगे।'

बहरहाल, वेदांता उस जगह पर थम गया है। मामला रुका तो है, पर ख़त्म नहीं हुआ है, क्योंकि उनके लिए अरबों का निवेश दांव पर लगा है।

मसला नहीं, मिसाल है नियामगिरि

दरअसल, उड़ीसा सरकार ने अक्तूबर, 2004 में 'वेदांता एलुमिनिया' की एक सहायक कंपनी 'स्टरलाइट इंडस्ट्रीज़ इंडिया' के साथ एक समझौते में उसे 'ओडिशा माइनिंग कॉरपोरेशन' के साथ मिल कर नियामगिरि के पहाड़ों पर बॉक्साइट के खनन और

यहां के अन्य प्राकृतिक संसाधनों के उपयोग का अधिकार दिया। इस समझौते में बहुत सारे पर्यावरणीय और मानवाधिकार के मुद्दों की उपेक्षा की गई।

ऐसे में कुछ लोगों ने सुप्रीम कोर्ट में गुहार लगाई। सर्वोच्च न्यायालय की 'सेंट्रल एंपावर्ड कमिटी' (सीईसी) ने परियोजना की मंजूरी को अवैध पाया और सर्वोच्च न्यायालय से इस मामले में वनभूमि के 'डायवर्जन' को रोकने के लिए कहा। सीईसी का तर्क था कि आवंटित ज़मीन संविधान की पांचवीं अनुसूची के तहत आती है, जो किसी गैर-अनुसूचित जनजाति के व्यक्ति को हस्तांतरित नहीं की जा सकती। लिहाजा, सर्वोच्च न्यायालय ने वेदांता कंपनी को नियामगिरि की पहाड़ियों में खनन करने से रोक दिया।

ऊपरी अदालत ने 'डायवर्जन' के संबंध में टिकाऊ विकास की अपनी अवधारणा लागू की। लेकिन स्थानीय लोग वन अधिकार कानून के प्रावधानों के आधार पर वेदांता का विरोध करते रहे। अगस्त 2009 में ओडिशा सरकार ने वेदांता के लिए जमीन के 'डायवर्जन' के संबंध में आखिरी मंजूरी मांगी।

तब के वन और पर्यावरण मंत्री जयराम रमेश ने इस मसले पर एनसी सक्सेना समिति का गठन किया। समिति की रिपोर्ट के अनुसार, वेदांता ने वन संरक्षण अधिनियम, पर्यावरण सुरक्षा अधिनियम, पेसा और वन अधिकार कानून का उल्लंघन किया है। इस समिति की रिपोर्ट आने के बाद, अगस्त 2010 में मंत्रालय ने

वेदांता परियोजना को दी गई मंजूरी रद्द कर दी।

उड़ीसा खनन निगम ने इस फैसले को सुप्रीम कोर्ट में चुनौती दी थी, जिस पर अपना फैसला सुनाते हुए न्यायालय ने आदेश दिया कि आदिवासी पल्ली सभाएं इस बात का फैसला करें कि क्या खनन के लिए प्रस्तावित क्षेत्र किसी भी तरह से उनके देवता नियामराजा को प्रभावित करेगा।

यहां के आसपास के गांवों में वेदांता के खनन वाले मामले को लेकर काफी गुस्सा है। मुझे वेदांता का आदमी मानकर मेरी गाड़ी भी रोक ली गई थी, और जब उन्हें पता लगा कि मैं वेदांता का प्रतिनिधि नहीं, तो राह के बीचों-बीच पेड़ गिराकर बैठे आदिवासी बुजुर्ग ने हमारा रास्ता खोल दिया। लेकिन वो वेदांता को लेकर बड़बड़ाता रहा काफी देर तक।

जरपा गांव आखिरी पल्ली सभा की जगह थी। वहां जाने के लिए हम सबको घने जंगलों के बीच से तकरीबन ग्यारह-बारह किलोमीटर पैदल चलना पड़ा। हम यही सोचते रहे, आखिर इन जंगलों को काटकर जब इनके भीतर से बॉक्साइट निकाल लिया जाएगा, तो सिर्फ पेड़ ही जड़ से नहीं उखड़ेंगे, बल्कि हज़ारों साल से चली आ रही एक पूरी तहज़ीब का खात्मा हो जाएगा। जड़ से उखड़े पेड़ तो शायद कहीं और रोपे भी जा सकें, लेकिन जड़ों से उखड़ी सभ्यता-संस्कृति कहां खुद को पुनर्जीवित कर पाती है।

सवाल भाषा का भी है, तहज़ीब का भी। पूरी जीवनशैली जिस

नियामगिरि पर निर्भर है, वह नियामगिरि ही न रहे तो कहां बच पाएंगे, जल-जंगल-ज़मीन और कहां के रहेंगे डोंगरिया-कोंध। कहां जाएगी उनकी भाषा कुलू और कुवी। खनन शुरू हो जाएगा तो डोंगरिया कोंध की भी वही हालत होगी, जो कूनो-पालपुर में शेर बसाने के लिए सहरिया जनजाति के साथ हुआ। सहरिया कृत्रिम रूप से बसाए हुए गांवों में किसी तरह रह रहे हैं, उनके पास न ज़मीन है, न जीविका। जंगल पर से अधिकार पहले ही खत्म हो चुका है। भाषा भी भूल चुके हैं और अपनी पुरानी तहज़ीब भी।

अब जबकि सभी 12 ग्राम सभाओं ने अधिग्रहण को विचार को खारिज़ कर दिया है, नियामगिरि का संघर्ष पूरे देश और दुनिया के दूसरे भागों में भी, अपने हक की खातिर लड़ते समुदायों के लिए एक अनुपम मिसाल बनने की राह पर है, क्योंकि यह सिर्फ खनन रोकने के लिए आंदोलन नहीं है, यह तो हज़ारों सालों की विरासत बचाने की लड़ाई है। विस्थापन का दर्द बहुत सालता है, अगर वह ज़िंदगी से जुड़ा हो तो और भी ज़्यादा।

सतभाया

सतभाया का शेष

वह सितंबर, 2005 का एक दिन था, और समुद्र तट पर बसे उड़ीसा के केंद्रपाड़ा जिले के कान्हापुर गांव की सुबह रोज की तरह ही हुई थी। गांव के बच्चे रोज की तरह स्कूल के लिए निकले। लेकिन जब वे अपने स्कूल पहुंचे, तो वहां स्कूल का नामोनिशान नहीं था। रात भर में सागर ने स्कूल लील लिया था और अब उसकी लहरें रौद्र रूप धारण कर गांव के घरों को लीलने को तत्पर थीं।

गांववालों को दूसरी बार वहां बसे हुए कुछ ही समय हुआ था कि बढ़ते सागर ने फिर से पीछे हटने को मजबूर कर दिया। मात्र तीन महीने में तीन बार उजड़ने का दर्द। उड़ीसा के सतभाया गांव की भी बिल्कुल यही कहानी है। ये बेचारे वे गांव हैं, जिनका जलवायु परिवर्तन में कोई योगदान नहीं है, फिर भी वे इसकी कीमत चुकाने पर मजबूर हैं।

खतरे की बात यह है कि बंगाल की खाड़ी उड़ीसा के कई गांवों की तरफ ख़तरनाक तरीके से बढ़ रहा है। यह खेत-खलिहानों, गांव-जवार और जंगलों को अपनी आगोश में लिए जा रहा है। इससे आजीविका के लिए समुद्रों पर निर्भर गांववालों के लिए मुश्किलों का पहाड़ टूट पड़ा है। इस आपदा से सबसे अधिक प्रभावित है सतभाया पंचायत।

सतभाया, उड़ीसा की राजधानी भुवनेश्वर से करीब सवा सौ किलोमीटर दूर केंद्रपाड़ा ज़िले की एक पंचायत है। यह सात गांवों

का समूह है। 1930 के भू-राजस्व के दस्तावेज़ यानी खतियान दिखाते हैं कि उस वक्त सतभाया पंचायत के तहत 320 वर्ग किलोमीटर की ज़मीन थी, जबकि 2000 के राजस्व रेकॉर्ड्स के मुताबिक, इलाके में महज 155 वर्ग किलोमीटर की ज़मीन बची है और सात में से पांच गांवों को आगे बढ़ते समंदर ने लील लिया है। खतियान के रेकॉर्ड्स की पुष्टि उपग्रह से प्राप्त चित्रों ने भी की है।

पचपन साल पहले कान्हुपुरू गांव से समुद्र कोई 5 किलोमीटर दूर था। आज समुद्र ने गांव को छू लिया है। कानपुरू के सतरह घर, दो ट्यूब वेल, और दो चावल मिलों को समंदर ने निगल लिया है। इनमें से एक ट्यूबवेल गांव के बीचों-बीच था और अब वह समंदर की तली में सौ फुट नीचे है। गांव के बचाव के लिए लगाई गई रेत की बोरियां भी समंदर की चपेट में हैं।

कानपुरू में 303 घर बचे हैं और उनमें अफरातफरी का, बेचैनी का आलम बना रहता है। पड़ोस के सतभाया गांव में भी परिस्थिति कमोबेश ऐसी ही है। हर साल समुद्र करीब 80 मीटर आगे बढ़ जाता है।

सतभाया का नाम उड़िया भाषा के दो शब्दों, 'सत' और 'भाया' से बना है जिसका मतलब है सात भाई। इन गांवों में एक मिथकीय कहानी है, जो 'तपोई' से जोड़ी जाती है। तपोई एक लड़की थी जिसके सात भाई थे। ये सातों भाई मल्लाह थे और वे लोग मंगला देवी की पूजा करते थे। भाइयों की गैर-मौजूदगी में भाभियां तपोई

को सताती थीं, लेकिन तपोई हमेशा मंगला देवी से अपने भाइयों की कुशल वापसी की कामना करती थी। इसी आस्था के तहत, आज़ भी, इलाके की अविवाहित लड़कियां अपने परिवारों की कुशलता की कामना किया करती हैं।

इन गांवों को इस इलाके में कनिका राजा के काल में शुरुआती 19वीं सदी में मैंग्रोव के जंगल साफ करके बसाया गया था। मैंग्रोव जंगलों की उपजाऊ ज़मीन में सतभाया एक संपन्न इलाके में तब्दील हो गया था।

सतभाया गांव तक जाने के क्रम में जब मैं उस इलाके में पहुंचा तो शाम हो गई थी। मुझे रात गुप्ती में वन विभाग के गेस्ट हाउस में काटनी पड़ी। अगली सुबह ही सतभाया की सरपंच सस्मिता नायक के पति, सुदर्शन नायक की मोटरसाइकिल पर चढ़कर जब मैं गांव की ओर जा रहा था तो शुरुआत में बेहद दिलचस्प नज़ारे दिखे।

समुद्रतटीय गांवों तक पहुंचने के लिए मुझे गुप्ती से करीब दस-बारह किलोमीटर का रास्ता तय करना था और यह पगडंडी एक जंगल से होकर गुज़रती है। यह भीतरकनिका नेशनल पार्क है। भीतरकनिका नेशनल पार्क ही गहिरमाथा घड़ियाल अभयारण्य है और ऑलिव रिडले कछुओं के प्रजनन का इलाका भी। इसी के साथ जैव-विविधता की प्रचुरता भी है इस इलाके में।

इन नज़ारों से मुझे खुशी होनी चाहिए थी। लेकिन जब मैं गांव के

पास पहुंचा तो वहां की हालत देखकर कलेजा धक्क से रह गया। अब वहां गोविंदपुर, खारीकुला, महनीपुर और सारापदा समेत पांच गांव पूरी तरह समुद्र की पेट में जा चुके हैं। कानपुरू आधा डूब चुका है और सतभाया आखिरी सांस लिए समंदर के आगे बढ़ जाने की बाट जोह रहा है।

समुद्र ने गांव की खेती लायक 1061 एकड़ ज़मीन, घर-बार सबकुछ निगल लिया है। समंदर अब भी रुका नहीं है, दिन-ब-दिन आगे ही बढ़ रहा है। दुनिया भर में ग्लोबल वॉर्मिंग की वजह से मालदीव, किरिबाती, तुवालू और पापुआ न्यू गिनी के डूब जाने का खतरा शायद कुछ दशक दूर हो, लेकिन सतवाया के गांव वाले चढ़ते समंदर का कोप झेल रहे हैं और यह विपदा आगे शायद और भी घनी हो।

सतभाया गांव में बिजली नहीं पहुंची। कुछेक लोगों की फूस की छत पर सोलर प्लेट्स हैं। छतों से लटके सीएफएल बल्ब दिख जाते हैं। सतभाया के लोग ग्रीन हाउस गैसों के उत्सर्जन में ज़रा भी योगदान नहीं करते। फिर भी हाशिए पर पड़े इन लोगों पर कुदरत की मार पड़ी है।

इस पंचायत में बड़े पैमाने पर विस्थापन की शुरुआत 1966 में हुई, जब गोविंदपुर में समुद्री पानी चक्रवात की वजह से घुस आया और गांव को डुबो गया। उसके बाद वहां के लोग बागापटिया, ओकिलपाला, और महाकालपाड़ा की तरफ जाकर बसने लगे।

1971 की चक्रवाती लहरों ने गोविंदपुर को पूरी तरह डुबो दिया। 1970 के पहले सतभाया पंचायत में सात गांव थे। उनमें से अब सिर्फ डेढ़ गांव बचे हैं। 1980 के दशक में समंदर में समाने वाले गांवों में सबसे पहले थे, गोविंदपुर, महनीपुर, और कुनरियोरा गांव। खारिकुला और सारीपदा गांव 1990 के दशक के मध्य में समंदर में डूब गए। धीरे-धीरे आगे बढ़ते हुए समंदर ने गोविंदपुर, खारीकुला, महनीपुर सारापदा समेत पांच गांवों को भारत के भौगोलिक नक्शे से मिटा दिया।

बचे हुए सतभाया और कानपुरू गांवों में को लोक-कथाओं के पौराणिक- मिथकीय चरित्र तपोई के गांव के तौर पर जाना जाता है, जिसे उड़ीसा के प्रतिष्ठित समुद्रीय व्यापार इतिहास में एक प्रतीक के तौर पर देखा जाता है।

यह गांव अब खुद को अपनी मूल जगह से हटाकर बंगाल की खाड़ी से एक किलोमीटर पीछे की तरफ ले आया है। कुल तीन बार गांव का विस्थापन हो चुका है। आज की तारीख में, कानपुरू समुद्र तट से महज 50 मीटर की दूरी पर है। सतभाया और कान्हपुरू के साथ ही तट के पास के करीब बीस गांवों पर भी ऐसा ही खतरा मंडरा रहा है। इलाके के अधिकतर लोगों ने अपनी दो तिहाई खेती की ज़मीन समुद्र के हाथों खो दी है। समंदर का इस तरह आगे बढ़ना गांववालों के लिए इतना पीड़ादायी रहा है कि लोग अपने

घर-बार और खेतों को छोड़कर सुरक्षित स्थानों पर जाकर बस जाने के लिए विकल हो रहे हैं।

हृषिकेश बिस्वाल गांव के 78 साल के किसान हैं। उनका मूल गांव समुद्र में डूब चुका है। वह याद करते हुए बताते हैं कि बीस बरस पहले तक समुद्र देखने जाते थे, तो वापसी में शाम हो जाया करती थी। लेकिन समुद्र अब गांव के अंदर तक घुस आया है।

सतभाया के सवा सौ साल पुराने स्कूल की इमारत समेत अनेक घर-द्वार, खेत-खलिहान डूब गए हैं। अब कानपुरू के लोग भीतरकनिका नेशनल पार्क की सरहद में जंगल में नए बसेरे में रहते हैं, वहीं प्राइमरी स्कूल भी झोंपड़े में चलता है। लेकिन यह गांव भी समंदर की ज़द से दूर नहीं।

सतभाया और समंदर के बीच रेत का एक टीला है। लेकिन यह टीला कब तक गांव को बचा पाएगा? खुद टीले की रेत फूस के झोंपड़ों पर गिर कर नई मुसीबत बन रही है। पहले ही उड़ीसा का यह हिस्सा विकास की दौड़ में पीछे था, लेकिन विकास की कुछ कोशिशें हुईं भी तो समंदर के पेट में चली गईं। पहले गांव में छह टयूब वेल थे लेकिन उनमें से पांच समंदर में समा गए।

गांव में पीने के पानी की भारी किल्लत है। बचे-खुचे हैंडपंप पानी तो देते हैं लेकिन उनमें से निकलने वाला पानी खारा हो चुका है। आज पूरे गांव में फूस के ढांचे ही बचे हैं। पक्की इमारत के नाम पर

बारह सौ साल पुराना पंचवाराही मंदिर और नया-नवेला पंचायत भवन है।

हर साल तकरीबन 30 मीटर की दर से आगे बढ़ रहे समंदर का पानी कभी सतवाया गांव के केंद्र में रहे पंचवाराही मंदिर तक पहुंचने लगा है। पिछले साल यह मंदिर के गर्भगृह तक पहुंच गया था।

कुछ लोगों का दावा है कि 1970 के बाद से अब तक कई जगहों पर समंदर 6 किलोमीटर तक आगे बढ़ आया है। 1971 के चक्रवात के बाद लोगों ने यहां से पलायन करना शुरू कर दिया था। चक्रधर मोई सतभाया में रहते हैं लेकिन मूलतः वह कानपुरू से यहां आए हैं। वह कहते हैं, "पलायन के दौरान ज़्यादातर लोग गुप्ती पंचायत में अकिलपाला गांव चले गए। यह समुद्र से 8 किलोमीटर दूर है। बाकी लोग कानपुरू में रह गए। लेकिन 1999 के सुपर साइक्लोन में समुद्र कानपुरू में भी घुस गया। जो लोग गांव खाली करके चक्रवात के दौरान गए थे, उनके लिए गांव में वापसी के लिए कोई जगह नहीं बची थी।"

बाकी बचे 2011 लोग भी गांव छोड़कर निकल गए। अब इन लोगों को नवनिर्मित गांवों बराहीपुर, मगरकांडा और रबीन्द्रपल्ली में बसाया गया है। यह नए गांव मूल सतभाया के बालीसाही गांव के आस-पास बसाए गए हैं। सतभाया के पास एक रेत का टीला है जो कि समुद्र से गांव की रक्षा करता है। बाकी की आबादी को

उसी ब्लॉक में बागापटिया में बसाया गया है।

उड़ीसा और पश्चिम बंगाल में केस स्टडी कर चुके अंतरराष्ट्रीय वैज्ञानिकों के एक दल का अनुमान है कि सुरक्षा के अभाव में समुद्र तल में आई एक मीटर की बढ़ोत्तरी इन इलाकों में 1,70,000 हेक्टेयर खेती की ज़मीन को निगल लेगी और इससे 7 लाख लोग विस्थापित हो जाएंगे। (ग्लोबल इनवायरमेंटल नेगोशिएशन)

उत्कल विश्वविद्यालय में भूगोल विभाग के प्राध्यापक जीके पंडा कहते हैं कि सतभाया का डूबना ग्लोबल वार्मिंग का नतीजा है। ग्लोबल वॉर्मिंग यानी धरती की आबो-हवा का औसत से ज्यादा गरम होता जाना।

गरम होती जलवायु के कारण पृथ्वी पर पड़ने वाले दुष्प्रभावों की बात सबसे पहले 1827 में फ्रांसीसी पॉलीमैथ ज्यांबैपटिस्ट फोरियर ने की थी। लेकिन इस विषय को किसी ने गंभीरता से नहीं लिया। 1988 में पहली बार वॉशिंगटन डीसी में वैज्ञानिकों ने अमेरिका में आए उस वर्ष के सूखे की मार की मूल वजह के रूप में जलवायु परिवर्तन को माना। असल में, 1995 से ही साल-दर-साल गरमी ने अपने जलवे दिखाने शुरू कर दिए थे। आने वाला हर साल गरमी के नए रेकॉर्ड बनाने लगा और यह क्रम लगातार जारी है।

जलवायु विज्ञान कहता है कि गरम हवाएं महासागर को गरम

बना देती हैं और गरम महासागर रचते हैं चक्रवात। हर चक्रवात के बाद समुद्र का जल-स्तर बढ़ता है। गरमी के कारण पिघलते ग्लेशियर तो खैर जल-स्तर बढ़ा ही रहे हैं। अध्ययनों से पता चलता है कि यदि समुद्र का जल-स्तर एक मीटर बढ़ता है, तो लगभग 70 लाख लोगों का जीवन छिन्न-भिन्न हो जाएगा और तकरीबन 6,000 वर्ग किलोमीटर भूमि सागर की भेंट चढ़ जाएगी।

भारत में तटीय अपरदन या समंदर के बढ़ने का असर चार राज्यों में खासतौर पर पड़ रहा है। नेशनल इंस्टीट्यूट ऑफ ओशनोग्रफी, गोवा का एक अध्ययन बताता है कि महाराष्ट्र, उड़ीसा, कर्नाटक और केरल में तटीय अपरदन का बुरा असर सबसे अधिक पड़ रहा है और कुल तटरेखा का 23 फीसद तटीय अपरदन की चपेट में है।

उड़ीसा में, तटरेखा करीब 480 किलोमीटर लंबी है और इसमें से 100 किलोमीटर पर अपरदन का असर है। वैज्ञानिकों का अनुमान है कि तटरेखा के 25 किलोमीटर के दायरे में आने वाले 7,168 गांव, 20 शहर, 10.60 लाख घर, और 58 लाख की आबादी पर तटीय अपरदन का ख़तरा है।

वैज्ञानिकों ने उड़ीसा की कुल तटरेखा में से 187 किलोमीटर में अपरदन का असर देखा है। तटीय उड़ीसा के दो जिलो जगतसिंहपुर और केंद्रपाड़ा में तटीय अपरदन का ज़्यादा असर देखा जा रहा है।

इस असर ने समुद्र तल में वृद्धि कर दी है। प्राकृतिक आपदाओं की संख्या पहले के मुकाबले काफी अधिक हो गई है और उनके असर का इलाका भी काफी बढ़ गया है। इन आपदाओं में चक्रवात, समुद्री लहरें, बाढ़, सूखा और तटीय अपरदन भी शामिल हैं।

सतभाया के सात गांवों के डूबने की घटना ग्लोबल वॉर्मिंग के साथ ही टेक्टोनिक क्रियाएं भी हो सकती हैं या तटीय अपरदन की भी। अपरदन की इन घटनाओं को समुद्री डायनेमिक्स में मानवीय हस्तक्षेप, मिसाल के तौर पर, बंदरगाहों के निर्माण ने तेज़ ही किया है।

उड़ीसा में पारादीप बंदरगाह, काफी बड़ा पत्तन है। इसका निर्माण 1960 के दशक में हुआ था। जानकार मानते हैं कि सतभाया समूह के गांवों को डुबोने में इस बंदरगाह की बड़ी भूमिका रही है और इस इलाके में तटीय अपरदन में बढ़ोत्तरी 1960 के दशक में पत्तन के निर्माण होने और कृत्रिम ब्रेकवॉटर बनाए जाने के बाद ही हुई है।

विशेषज्ञ कहते हैं कि सभी बंदरगाह उत्तर दिशा में अपरदन को बढ़ावा देते हैं। 1968 में पारादीप बंदरगाह के अस्तित्व में आने के बाद से सतभाया में अपरदन बढ़ता गया है।

तटीय अपरदन का असर स्थानीय समुदायों पर भी दिख रहा है। यहां के निवासियों की आजीविका, जीवन और पर्यावरण पर बुरा असर पड़ रहा है। मसलन, उड़ीसा के इस इलाके में बारिश के पैटर्न में बदलाव आ गया है। चक्रवातों की वजह से समुद्री खारा

पानी खेतों तक घुस आता है और उससे मिट्टी की लवणता में बढ़ोत्तरी हो गई है। खेत बंजर और अनुपजाऊ हो गए हैं।

तटीय अपरदन से समुद्र और मुहाने के पानी की संरचना में भी बदलाव आया है और बढ़ते तापमान और चक्रवातों के साथ कम वायुमंडलीय दवाब ने मछली पकड़ने और कृषि पर असर डाला है जिससे खाद्य और आजीविका की सुरक्षा प्रभावित हुई है।

बढ़ते पानी और अपरदन से बचने के लिए कई बार इन गांवों के आस-पास तटबंध बनाए जाते हैं। लेकिन आलिया जैसे तूफानों या हुदहुद जैसे चक्रवातों के वक्त समुद्र का लवणीय जल गांवों में घुस आता है। हाल के बरसों में, खारे पानी ने सैकड़ों एकड़ खेतिहर ज़मीन के बेकार कर दिया है।

लेकिन उड़ीसा सरकार ने किसी किस्म के सबक सीखने से इंकार कर दिया है। सरकार ने पारादीप जैसी तीन बड़ी और आधी दर्जनों छोटी परियोजनाओं को मंजूरी दे दी है। राज्य पर्यावरण मंत्रालय कहता है, डरने की ज़रूरत नहीं। उड़ीसा सरकार का पर्यावरण विभाग मानता है कि तटीय इलाके में मैंग्रोव वनरोपण से समुद्री अपरदन को पूरा तरह रोका जा सकेगा। काश कि यह सच हो। बंदरगाह के इस दुष्प्रभाव को देखते हुए विशेषज्ञों ने सरकार से आग्रह किया है कि वह पारादीप का ही विस्तार करे और नए बंदरगाह बनाने से बचे।

उड़ीसा के जलवायविक पैटर्न पर गौर करें तो इसमें भी एक बदलाव नजर आता है। राज्य में बढ़ते तापमान ने गरमी के मौसम को तकरीबन असहनीय बना दिया है। सूबे में अमूमन कम दबाव का इलाका बन जाता है और इससे अप्रत्याशित रूप से बारिश के पैटर्न में बदलाव आ गया है। 1998 में उड़ीसा में लू लगने से सैकड़ों लोगों की मौत हो गई थी। सन् 1999 में उड़ीसा में महा-चक्रवात भी आया था, जिसने हज़ारों जिंदगियां लील ली थीं। सतभाया के गांवों में बच्चे एक प्रार्थना करते हैं, जिसमें ईश्वर से उनकी विनती भी यही होती है कि इतनी आपदाओं के बाद आपने हमारे गांवों में समंदर को क्यों भेज दिया है। उसके बाद के बरसों में बारंबार आ रहे सूखे और बाढ़ों ने तटीय उड़ीसा की अर्थव्यवस्था को तोड़कर रख दिया।

ग्लोबल वॉर्मिंग और समुद्री जलस्तर के बढ़ने पर जो आम लोगों की पारंपरिक समझ है वही वैज्ञानिक समुदाय की राय भी है। बरसों से, पर्यावरणविद् ग्लोबल वॉर्मिंग के पहले और सबसे प्रबल संकेतक के रूप में हिंसक चक्रवातों की चेतावनी दे रहे हैं। वैसा ही, जैसा 1999 में उड़ीसा में महा-चक्रवात के रूप में आया था।

शायद यह सच है क्योंकि सिर्फ चक्रवातों की संख्यी ही नहीं बढ़ी है, बल्कि उनकी रफ्तार और गहनता में भी वृद्धि हुई है। 1891 से 1988 के बीच चक्रवातों की गणना के आंकड़े बताते हैं कि

बंगाल की खाड़ी में मॉनसून-पूर्व और मॉनसून के बाद आने वाले चक्रवातों की संख्या और बारंबारता में बढ़ोत्तरी हुई है। 1877 से 1990 के बीच भारतीय मौसम विज्ञान विभाग के चक्रवातीय आंकड़ें साबित करते हैं कि इन चक्रवातों का सबसे बुरा असर उड़ीसा पर पड़ा है। इस दौर में देश के पूर्वी तट पर कुल 964 चक्रवात आए हैं और इनमें से 422 ने उड़ीसा पर हमला बोला है।

1971, 1982 और 1999 के चक्रवातों ने तटीय गांवों को उजाड़ दिया था। लोग कहते हैं कि हर चक्रवात के बाद समुद्र का तल ऊपर उठ जाता है और समुद्री तट रेखा के ज़मीन की तरफ खिसकने की दर तेज़ हो जाती है।

बढ़ते समंदर ने ज़मीन बर्बाद की और उपजाऊ ज़मीन एकल फसल में बदल गई। इससे स्थानीय आबादी में कुपोषण हुआ और उसका भी असर सीधा महिला आबादी पर ही दिखता है। पेयजल और खाद्य संकट में महिलाओं खुद के लिए कम खाना और पानी बचा कर रखती हैं। इसका भी उनकी सेहत पर असर पड़ता है।

किसी भी इलाके की बदहाली और वहां से होने वाला पलायन महिलाओं और बच्चों पर सबसे बुरा असर डालता है। क्योंकि, इससे उपलब्ध आर्थिक गतिविधियों पर सीधा असर पड़ता है। लोगों की मुश्किलों में कई गुना बढ़ोत्तरी हो जाती है। खाद्य असुरक्षा से कुपोषण बढ़ता है और सेहत में गिरावट आती है। लोगों, खासकर महिलाओं

की निर्णय क्षमता पर असर पड़ता है और पलायन की वजह से घरेलू आमदनी पर उनका नियंत्रण भी कम हो जाता है। किसी भी घर में, जलावन और पेयजल के लिए महिलाओं को हर रोज़ लंबी दूरी तय करनी पड़ती है और इससे भी उनकी मुश्किलों में बढ़ोत्तरी होती है। केंद्रपाड़ा के इस जंगली इलाके में जलावन या पानी लाने गई महिलाओं का सांप-कीड़ों से अधिक सामना होता है। आपदा के दौरान और बाद में उनके लिए यौन उत्पीड़न के खतरे भी बढ़ जाते हैं।

गांववाले पिछले तीस एक साल में समंदर के बरताव में आए बदलाव को महसूस करते हैं। हृषिकेश विस्वाल कहते हैं, पहले के मुकाबले में गांव में बाढ़, बरसात और चक्रवातों की गिनती बढ़ गई है। गरमियों में ऊमस असह्य हो जाती है।

इन गांवों में खेती-किसानी एकफसली हो गई है और वह भरोसेमंद नहीं रही। ऐसे में, इन गांवों के युवा दूर-दराज के इलाकों की तरफ पलायन करने को मजबूर हैं। जाहिर है, वहां ये लोग मजदूरी करते हैं।

तटीय गांवों में चढ़ते समुद्र को असर को कम करने के लिए उड़ीसा सरकार को उम्मीद है कि इस इलाके में वनरोपण से स्थिति पर काबू पाया जा सकता है। लेकिन 1999 के महाचक्रवात के बाद इलाके में समुद्र तट के साथ सटाकर कसुआरीना के डेढ़ सौ फीट चौड़े ग्रीन बेल्ट लगाए जाने की कोशिशें हुईं। लेकिन कान्हपुरू में कुछेक लंबे पेड़ो को छोड़कर इस इलाके में इस वनरोपण की

निशानियां नज़रों से ओझल ही हैं। तटीय इलाके में इस प्रजाति के वन विभाग द्वारा लगाए जितने भी पड़े बचे भी हैं, वह कब बढ़ते समंदर की पेट में समा जाएंगे यह पता नहीं।

ग्लोबल वॉर्मिंग, जलवायु परिवर्तन या समुद्र तट के सटकर हो रहे निर्माण कार्यों की तकनीकी जटिलताओं से सतभाया, बराहीपुर और मगरकांडा के दो सौ परिवारों का कोई लेना-देना नहीं है। आगे बढ़ते हुए समंदर से लड़ने के लिए अपने हाल पर छोड़ दिए गए इन ग्रामीणों का मानना है कि सागर नाराज़ और गर्म हो चुका है और उसे रोका नहीं जा सकता है।

1982 में चक्रवात अपने साथ खारे पानी को बाढ़ रूप में खेतों तक ले गया। ऐसे में ये खेत अगले चार साल तक खेती के लिए बेकार हो गए। इसकी वजह से यहां से बड़े पैमाने पर पलायन शुरू हुआ और नौकरी के लिए यहां के लोग दक्षिण के राज्यों की तरफ कूच कर गए। 1999 में आए महाचक्रवात में सतभाया के ज्यादातर परिवार बालीशाही और बराहीपुर को चले गए थे। कानपुरू के लोग ओकिलपारा और मगरकांडा जाकर रहने लगे। लवणता की वजह से यहां की खेतिहर जमीन की उर्वरा शक्ति खत्म हो गई है। चक्रवात आलिया ने 2009 में भले ही पश्चिम बंगाल पर असर डाला हो, लेकिन उसने इस क्षेत्र को दुनिया भर से 72 घंटों के लिए काटे रखा था।

पिछले साल आए हुदहुद ने स्थिति को और बदतर बना दिया

है। कान्हुपुरू और सतभाया में मौजूद रेत के टीलों ने समंदर के आगे बढ़ने से रोका हुआ था। लेकिन हुदहुद के बाद रेत के इन टीलों को बहुत नुकसान हुआ है। हुदहुद के बाद रेत के यह टीले खुल गए हैं और गांव अब सीधे समंदर की ज़द में है।

सतभाया के निवासी सुदर्शन राउत कहते हैं, कि इन गांवों के लोग निराश हो चुके हैं। उनको बचाने वाला रेत का टीले को समुद्र धीरे-धीरे निगल रहा है।

सतभाया पंचायत में समुद्र पिछले 35 साल में 6 किलोमीटर आगे बढ़ आया है। सुदर्शन नायक आह भरते हुए बताते हैं कि इसी पंचायत में पहले के कनिका जमींदार की पत्थर की नक्काशीदार हवेली थी, जो पिछले दो दशक में समुद्र में समा गई।

गांव के दूसरे बुज़ुर्ग ब्रह्मानंद जेना कहते हैं, इन गांवों के लोग बचे हुए गांव को भी छोड़कर जाने की तैयारी में हैं। आस-पड़ोस के गांवों में कोई भी आदमी अपनी बेटी का ब्याह इन गांवों में करने को राजी नहीं, नतीजतन गांव के लड़के कुंवारे बैठे हैं। जेना के ऐसा कहते ही गांव के दूससे लोग ठठाकर हंस पड़ते हैं, माहौल थोड़ा हल्का हो जाता है। लेकिन यह समस्या हंसकर उड़ाई जाने वाली नहीं है। ज़िला प्रशासन ने 31 मार्च 2013 तक यहां के लोगों को नई जगह पर पुनर्वास करने का लक्ष्य तय किया था। लेकिन 2016 के नवंबर महीने तक कुछ भी नहीं हुआ था।

राज्य के बाकी इलाकों में लोगों ने अपने विस्थापनों के विरोध में आंदोलन किए हैं और राज्य सरकार उन्हें विस्थापित करना चाहती है। जबकि सतभाया पंचायत के लोग विस्थापित तो होना चाहते हैं लेकिन सरकार यहां कुछ नहीं कर रही।

अंजन कुमार लेंका कहते हैं, “हम लोग दरिया (सागर) और सरकारी लाल-फीताशाही दोनों के खिलाफ लड़ रहे हैं। सरकार से तो हमारा भरोसा ही उठ गया है। जब-जब चुनाव आता है, नेता नए-नए वादों के साथ आते हैं।”

सतभाया में 1200 साल पुराने पंचवाराही मंदिर को गांववालों की मांग पर बागापटिया में नए बसाए पुनर्वास कॉलोनी तक स्थानांतरित करने की योजना बनाई गई है। यह मंदिर इसलिए मशहूर है क्योंकि इस मंदिर में दैनिक पूजा का काम महिला पुजारियों द्वारा किया जाता है।

मंदिर ही नहीं, सरकार ने यहां के लोगों को भी बागापटिया में बसाने का प्रस्ताव किया है। इसकी शुरुआती औपचारिकताएं पूरी कर ली गई हैं। लेकिन ज़मीनी काम अभी बाकी है। असल बात तो यह है कि इतने लोगों को बसाने के लिए ज़रूरी ज़मीन का अधिग्रहण नहीं हुआ है। 571 परिवारों को फिर से बसाना हंसी-खेल नहीं है। यह पुनर्वास योजना, 2013 में लागू कर दी जानी थी।

सवाल सतभाया पंचायत के डूब चुके पांच गांवों के शेष बचे 571 परिवारों को दोबारा बसाने भर का नहीं है। प्रश्न उन दिलों को उनका

हौसला लौटाने का भी है, जो अपने पुरखों की ज़मीन के समुद्र में समाने के साथ डूब गए हैं। 1992 में, तब की बीजू पटनायक सरकार ने इन पांच गांवों के लोगों के पुनर्वास के लिए एक मास्टर प्लान तैयार किया था। पुनर्वास के लिए सुनेई-रूपई जंगलों को चुना गया था और इसके लिए 95.25 लाख रूपए की लागत का अनुमान लगाया गया था। प्रस्तावित जगह पर तालाब-पोखरे खोदने, सड़क बनाने वगैरह में करीब 13 लाख रूपए खर्च करने के बाद पर्यावरण पर पड़ने वाले दुष्प्रभाव की आशंका में इस परियोजना को रोक दिया गया। बाकी की आवंटित रकम अभी भी सरकारी खाते में बगैर खर्च किए पड़ी है।

पुनर्वास के इस कोशिश के ठीक बारह साल बाद मुख्यमंत्री नवीन पटनायक ने अपने पिता के नाम पर बीजू नगर का शिलान्यास किया। यह कॉलोनी मगरकांडा में उन्हीं विस्थापितों के लिए थी। तब, नवीन पटनायक ने कहा था कि समुद्र तट पर मजबूत तटबंध बनाकर गांवों की सुरक्षा की जा सकती है और इसके लिए मूल पुनर्वास योजना के लिए रखी रकम मे से 35 लाख रूपए खर्च करने का वायदा उन्होंने किया था। लेकिन इस योजना को लेकर स्थानीय लोगों के मन में शक था, क्योंकि जिस इलाके में कॉलोनी बसाने का प्रस्ताव है वहां पड़ोस के ओकीलपाला गांव के लोग 1971 से ही खेती-बाड़ी कर रहे हैं। अगर सरकार उस इलाके में विस्थापित लोगों के पुनर्वास की योजना को आगे बढ़ाती है तो नए

बसे लोगों के स्थानीय लोगों से संघर्ष की स्थिति बनेगी।

सरकार ने योजना बनाने में कभी कमी नहीं की। सतभाया के डूबते लोगों को तारने के लिए योजनाएं 1977 से लगातार बनाई जा रही हैं। लेकिन योजना बनाना एक बात होती है और उसे ज़मीन पर उतारना बिलकुल अलग बात। इसलिए सतभाया गांव के 72 परिवार मगरकांडा के पास जा बसे हैं और अपनी इस नई बसाहट को उन्होंने अत्सला नाम दिया है। सतभाया के 60 और पड़ोसी कान्हपुरू के 20 परिवारों ने एकाकुला मुहाने, जिसे यहां लोग बालीशाही कहते हैं, के पास एक टीले पर शरण ले रखी है। बराहीपुर का नया-नवेला गांव वीलर टापू के पास है जिसमें सतभाया के 40 और कान्हपुरू के 5 परिवार जाकर बसे हैं।

यह तो सिर्फ सात गांवों के थोड़े से लोग हैं, जिनके पुनर्वास में भी सरकार असहाय है। जो लोग अभी भी सतभाया के समुद्र तट के किनारे पानी चढ़ने की आशंकाओं तले जी रहे हैं उनके लिए अभी कोई योजना ज़मीन पर नहीं उतरी है। फिर उन सैकड़ों गांवों के बारे में सोचिए, जिनके लिए समंदर ने विनाश लीला लिखनी शुरू कर दी है।

ऐसा नहीं है कि योजनाएं नहीं बनीं, लेकिन वे बेकार साबित हुईं। नाएं बनीं लेकिन सारी योजनाएं बेकार साबित हुईं। सरकार ने कभी भी इस समस्या की जड़ में जाने या इस कटाव या अपरदन को रोकने का भी प्रयास नहीं किया।

विश्व बैंक ने एकीकृत तटीय क्षेत्र प्रबंधन (आईसीजेडएम) के लिए 227 करोड़ आवंटित किए, जिसके तहत अपरदन, संरक्षण, इको-टूरिज़्म, विरासत संरक्षण, प्रदूषण नियंत्रण और आजीविका सुरक्षा की बात है लेकिन इस योजना में विलुप्त हो रहे तटीय गांवों की सुरक्षा की नीति नदारद है। बस, इसमें राजनगर (केंद्रपाड़ा) के पास 19 करोड़ रूपए की लागत से जियो-सिंथेटिक दीवार (करीब सात सौ मीटर लंबा जियो-ट्यूब बांध) बनाने की एक परियोजना की चर्चा भर है।

उड़ीसा सरकार का जलवायु परिवर्तन एक्शन प्लान का मसौदा करीब 17000 करोड़ रूपए का है और इसमे उद्योगों की मदद लेने की बात है। इसके तहत उद्योगो से जलवायु परिवर्तन रोकने वाली तकनीक अपनाने के लिए अधिक खर्च की अपील है, लेकिन इसमें सतभाया के ग्लोबल वॉर्मिंग से अनाथ हुए लोगों के के लिए शायद ही कोई बजट का प्रावधान है।

केंद्र सरकार ने विश्व बैंक की सहायता से नेशनल साइक्लोन रिस्क मिटिगेशन प्रोग्राम (एनसीआरएमपी) के तहत तटीय गांवों के लोगों के लिए आश्रय बनाने की योजना तैयार की थी। आज यह आश्रय, खासकर सतभाया पंचायत के गांवों के आसपास, कहीं दिखते नहीं। या शायद बने ही नहीं हैं।

पिछले कई बरसों से, कोई साल ऐसा नहीं गुज़रा जब उड़ीसा

में कोई कुदरती आपदा न आई हो। पिछले सौ साल में एक सौ प्राकृतिक आपदाओं का रेकॉर्ड है। पिछले 105 साल में सूबे को 95 दफा आपदा-प्रभावित घोषित किया जा चुका है। साल 1963 से 1999 तक प्राकृतिक आपदाओं में सूबे में 22,228 लोगों की मौत हो चुकी है। 34,21,000 लोग बेघर हो चुके हैं और न जाने कितने बच्चे अनाथ, अपंग हुए हैं और अनगिनत लापता हैं। ऐसी आपदाओं ने सबसे ज़्यादा प्रभावित बच्चों को किया है।

उड़ीसा सरकार ने 12 करोड़ की लागत से पारादीप में एक राडार लगाया है जो चक्रवात और सुनामी की चेतावनी देगा। तकनीक के विस्तार और उसमें निवेश के बाद उड़ीसा अब इतना साधन-संपन्न हो गया है कि किसी प्राकृतिक आपदा की चेतावनी की सूरत में दो-तीन घंटे के भीतर दो लाख लोगों को सुरक्षित स्थानों तक ले जाया जा सके।

उड़ीसा में खनन के लिए विदेशी और देशी कंपनियां कतार में खड़ी हैं, लेकिन कोई भी राज्य में विषम होती जलवायविक परिस्थितियों के लिए चिंतित नहीं है। आने वाली परियोजनाओं में बंदरगाह हैं, स्टील प्लांट, विशेष आर्थिक क्षेत्र (एसईजेड) हैं, जेटी, होटल और पर्यटन की महत्वाकांक्षी उड़ानें हैं, लेकिन इन सबने तटीय इलाके की आबादी और रहवास की दुश्चिंताओं को बढ़ाया ही है।

विकास परियोजनाओं का असल मकसद तो यही है कि वे

समुदायों से जुड़ी हों और स्थानीय आबादी के लिए फायदेमंद हों। लेकिन टिकाऊ विकास की अवधारणा की उपेक्षा करके और स्थानीय आबादी की सहमति के बिना शुरू की गई परियोजनाओं ने संघर्ष जैसी स्थितियां ही पैदा की हैं।

बहरहाल, पुनर्वास की अनिश्चितता के बाद भी जब काम शुरू हुआ तो गांववालों की शिकायत थी कि उन्हें खेती के लिए ज़मीन नहीं दी जा रही है। बिना आजीविका या रोज़गार के बागापटिया में बसाए जाने से उनके सामने रोजी-रोटी का सवाल खड़ा हो गया है। 571 परिवारों के लिए सिर्फ 133 एकड़ जमीन उपलब्ध है। एक परिवार को खेती-बाड़ी और अन्य ज़रूरतों के लिए कम से कम दो एकड़ ज़मीन की ज़रूरत होती है।

इस मसले पर प्रशासन ने हाथ खड़े कर दिए हैं। प्रशासन कहता है कि सतभाया के खेतों में भी बागापटिया में रहते हुए खेती की जा सकती है। सतभाया में सागर आगे बढ़ रहा है, आज नहीं तो कल वहां के खेत भी डूब ही जाएंगे, तब खेती करने के लिए बागापटिया में रहने वाले विस्थापित कहां जाएंगे, इस सवाल का जवाब प्रशासन के पास नहीं है। सरकार ने तो खैर इस पर सोचा भी नहीं होगा।

इसके अलावा, बारिश का पैटर्न बिगड़ने का खेती पर बुरा असर पड़ा है। समुद्र के खारे पानी ने मिट्टी को लवणीय बना दिया है और वह ऊसर में हो गई है। यही नहीं, गरमी के मौसम में तेज़ धूप धान

की फसल को जला देती है। जाहिर है, खेती पर निर्भर समुदाय के सामने रोटी की समस्या खड़ी हो गई है। मछली पकड़ने वाले समुदायों के लिए भी अजीब किस्म का संकट है। एक तो बार-बार आ रहे चक्रवातों से उनके जीवन पर खतरा बना रहता है वहीं अक्तूबर से अप्रैल तक समुद्र में मछली मारने पर प्रतिबंध होता है क्योंकि यह ओलिव रिडले कछुओं के प्रजनन का समय होता है।

रोज़ी-रोज़गार के इस संकट ने इन गांववालों को मजदूरों में बदल दिया है। ज़मीन के बंजर होते जाने ने इस इलाके की खाद्य-आत्मनिर्भरता पर असर डाला है। इस इलाके में मिलेनियम डेवेलपमेंट गोल की बात करना तो बेमानी ही है। सफाई, शिक्षा, प्राथमिक चिकित्सा जैसी बुनियादी मानवीय आवश्यकताएं भी यहां के लिए सपने सरीखे ही हैं।

इस गांवों में हर किसी के पास अपनी ज़मीन भी नहीं। सिर्फ पंद्रह फीसद किसान ही हैं, जो अपने खेतों में हरियाली बोते हैं। जबकि करीब तीस फीसद लोग खेतिहर मजदूर हैं। करीब दस फीसद लोग बटाईदारों में बदल गए हैं तो करीब तीस फीसद लोग दिहाड़ी मज़दूरी किया करते हैं। इलाके की अस्सी फीसद से अधिक आबादी गरीबी रेखा के नीचे है और भूमिहीन है। जिन किसानों के पास अपनी ज़मीन भी है, उनकी फसल प्राकृतिक आपदाओं के अंदेशे में रहा करती है। सतभाया का पूरा इलाका संरक्षित क्षेत्र में

पड़ता है और यहां तक आने के लिए कोई सड़क नहीं है, ऐसे में जुताई और खुदाई सारा काम मवेशियों के भरोसे करना होता है। अब ऐसी जगह पर जहां इंसानी जान बचानी ही मुश्किल हो, मवेशी की देखभाल करना कुछ ज़्यादा ही मुश्किल है।

अध्ययनों ने साबित किया है कि 1970 के बाद से इस इलाके में लोगों की आजीविका में एक बड़ा बदलाव आया है। सत्तर के दशक से पहले यह इलाका एक आत्मनिर्भर इलाका था और सिर्फ भोजन सामग्री ही नहीं, बल्कि बाकी की जरूरतों के लिए भी सतभाया पंचायत को बाहर से सामान मंगाने की जरूरत कम ही पड़ती थी। लेकिन अब हालात ऐसे नहीं रहे।

बहरहाल, सतभाया पंचायत आहिस्ता-आहिस्ता समंदर की आगोश में समाता जा रहा है। लोग लाचारी से सरकार की तरफ देख रहे हैं। लेकिन सरकार विकास के तयशुदा मानकों की तरफ देख रही है। वैसे भी, वह व्यवस्था जो तेज रफ्तार से विकास करने की जिद में हो, उसके लिए रेतीले समुद्री तटों की सुरक्षा और संरक्षा करना थोड़ा बोरियत भरा काम हो सकता है।

सतभाया भारत के भूगोल में अपनी जगह रखता है। इसके बाकी के गांव इतिहास का हिस्सा हो गए हैं। सतभाया भी आज भूगोल का हिस्सा है, कल को इतिहास हो जाएगा। और लोग? पता नहीं, इसका जवाब कम से कम राज्य सरकार के पास तो नहीं।

लालगढ़

जंगल महल में अमंगल

कोलकाता से चले बहुत देर हो चुकी थी। बढ़िया नेशनल हाईवे पर ज्यादा दिक़्क़त नहीं हुई थी और खड़गपुर से पहले हमारी गाड़ी ने पश्चिम मेदिनीपुर का रुख़ कर लिया था। अब यह सड़क आगे रानीगंज की तरफ जाती, कंसावती नदी पर बने पुल को पार कर हम शहर के भीतर जाने की बजाय भादुतला रेलवे हॉल्ट को पारकर आगे शालबॅनी की तरफ बढ़ रहे थे।

आठ साल पहले के मुकाबले ऊपरी तौर पर तस्वीर बिलकुल बदली नज़र आ रही थी। लेकिन अंदर से कुछ भी नहीं बदला है। 2009 में मेरी पहली यात्रा से लेकर आज तक आबो-हवा वैसी ही है। मिदनापुर शहर से शॉलबनी कस्बे की तरफ जाता नेशनल हाइवे 14 से छिटककर स्टेट हाइवे शॉलबनी के जंगलों की तरफ जाता है। यहां से आगे है लालगढ़। भादुतला से थोड़ा आगे ही टीचर्स ट्रेनिंग कॉलेज है। यह ममता बनर्जी के शासनकाल में बनाया गया है। पहले यहां जंगल और खेत थे।

शॉलबनी जंगलों के पास से ही रुककर नज़र दौड़ाने पर पता चलता है कि क्या कुछ बदला है और कितना कुछ बदलना बाक़ी है। 2009 से लेकर आज तक की तस्वीर में एक सकारात्मक बदलाव आया है।

अचानक हमारी गाड़ी रुक गई। शालबॅनी के पास सड़क के किनारे हाट लगा था। हाट बचपन से आकर्षित करता है मुझे। चाय की दुकान के बगल में एक जगह पर एक भीड़ गोल घेरा बनाकर खड़ी थी।

वहां मुर्गों की लड़ाई हो रही थी।

शालबॅनी के जंगल के गांवों में रहने वाले संताल जनजाति के लोग मुर्गे लड़ाया करते हैं। लड़ाइयां लंबी चला करतीं। एक मुर्गा ज़ख्मी होता या भाग खड़ा होता तो उसे हारा हुआ मान लिया जाता। कई दफ़ा कुछ मुर्गे आख़िरी दम तक मैदान नहीं छोड़ते। जंग में मुर्गों का मारा जाना लोगों को रोमांचक लगने लगा होगा। लेकिन, ऐसी मौतें कुछ शानदार नहीं होती थीं। हिंसा को और अधिक हिंसक बनाने की कोशिशें होने लगी थीं।

चाय पीते वक़्त भी मैंने देखा, मुर्गों की मौत को ज्यादा क्रूर बनाने के लिए कुछ ज़हीन लोगों ने एक तोड़ निकाल रखा था। मुर्गों के पंजों में तीखे नन्हे कटार बांध दिए थे।

लड़ते हुए मुर्गे दर्द से चीखते तो लोग ताली बजाते। हारा हुआ ज़ख्मी मुर्गा जीतने वाले मुर्गे के मालिक का हो जाता, जो उसे सिर के बल पटककर मार डालता और पलक झपकते ही हारने वाले मुर्गे के टुकड़े-टुकड़े हो जाते। खेल खत्म होते ही तमाशबीनों का हुजूम दूसरे जोड़े की लड़ाई की तरफ तवज्ज़ो दे देता।

मैं चाय पीने के लिए रुका तो सड़क साथ खड़ी थी। सड़क ने मुर्गों की लड़ाई की तरफ इशारा किया और बीड़ी पी-पीकर उखड़ती हुई सांसों से हंसते हुए कहा था: इन्हीं मुर्गों की तरह सबके पंजों में कटार बांध दिए गए हैं। सब एक दूसरे पर उछल-उछलकर वार करते हैं। वाम कैडर पर माओवादी, माओवादी पर पुलिस, पुलिस

पर कमिटी... *एक दिन शबॉय मारा जाबे* (एक दिन सब मारे जाएंगे)।

सड़क उठकर चली गई।

मुर्गों की लड़ाई खत्म होते-होते अंधेरा छाने लगा था और भीड़ छंट गई। जंगल में एक असहज-सी शांति हो गई थी। शालबॅनी के बाद से लालगढ़ जाने का रास्ता ख़राब हो जाता है। अब उस जगह झींगुरों के शोर में, कहीं-कहीं बिजली के खंभों से लटकते बल्बों या सीएफएल की रोशनी है। हमारे सफ़र में इस बिजली से मुलाकात कम होती है। ज्यादातर दुकानें और घर, मिट्टी के तेल के लालटेनों या दीयों से रोशन हैं। बीच-बीच में सीआरपीएफ कैंप को जाने वाली कोई गाड़ी या ट्रक या फिर कोई घर को लौटता ट्रैक्टर ही इस सन्नाटे को तोड़ता है। ऊबड़-खाबड़ सड़क पर ट्रैक्टर ट्रॉली के गिरने से पैदा हुई यह आवाज़ बाज़ दफ़ा खीज पैदा करती है। पीरकांटा या कायमा जैसे गांव अपनी उत्तरजीविता के संघर्ष में हैं।

रास्ते में स्पीड ब्रेकर के तौर पर लोगों ने बेकाम पड़े बिजली के सीमेंट वाले खंभे गिरा दिए हैं। ये सब दृश्य आठ साल पहले की याद दिलाते हैं। पहले इन दृश्यों से लगता था, कोई उग्रवादी आसपास छिपा है। घात लगाए। अब गांववाले ने तेज़ रफ़्तार गाड़ियों से बच्चों की सुरक्षा के लिए यह खंभे गिरा दिए हैं।

शालबॅनी से आगे दूर क्षितिज तक जंगल और धान के खेतों की अपार हरियाली है। थोड़ी देर पहले आई बरसात से पत्तियों पर पानी

की बूंदें जमा हैं, और उसके भार से पत्तियां झुकी जा रही हैं।

ढलती शाम में लालगढ़ पहुंचता हूं। वहां पहुंचकर सड़क सांप की जीभ की तरह दो हिस्सों में बंट जाती है। वहीं, दोराहे पर कुछ बड़ी-बड़ी हांड़ियों में संताल महिलाएं कुछ बेच रही हैं।

यह हंड़िया है। स्थानीय शराब। संताल लोग सदियों से पके चावल की यह शराब बनाते हैं। सफेद रंग की तेज़ शराब। पीने से पहले इसमें नमक और मिर्च का बुरका हुआ पाउडर डालना ज़रूरी है। मैं रुकता हूं। पीने के बहाने रुककर और बांगला में बात करके कुछ स्पंदन तो भांपा जा ही सकता है।

'पहले सब अलग था,' हंड़िया की दुकान पर सड़क मुझसे फुसफुसाकर कहती है।

'हां, मैं भी आया था। शायद सूखा भी था न पिछले साल? पिछले दस साल क्यों, पचीस साल से सूखे का चक्र भी चल रहा है। फसल बरसात के भरोसे है। सूखा आता है तो भूख उसके साथ-साथ मुफ्त का मेहमान बनकर आ जाती है।'

'*ताहॅले की?* (तो क्या) हर बरसात से भूख थोड़े न रुक सकती है। इससे बस थोड़ी राहत भर मिल सकती है।' सड़क ने मुझे याद दिलाया।

लालगढ़ में बदलाव दिखते हैं। कच्ची सड़क चौड़ी हो गई है। कंसावती नदी के किनारे एक विशाल नर्सिंग कॉलेज खुल रहा है। कंसावती पर एक लंबा पुल बनकर तैयार है, इससे लालगढ़ सीधे

झारग्राम से जुड़ गया है। कुछ लोग उस पार तक टहलने गए थे, टार्च लेकर तेज़ कदमों से वापस आ रहे हैं। नदी की बगल में भी सीआरपीएफ का कैंप है। बदला है बहुत कुछ। लेकिन क़स्बे का मूल स्वरूप वैसे का वैसा ही है। देश भर में विकास का बड़ा हो-हल्ला है और यहां के घरों में उस 'विकास' की चमक आना बाक़ी है।

अगले दिन रोशनी ने दिखाया कि आठ साल में कुछ नहीं बदला है। घर के बाहर बांस के बाड़ों पर उन्हीं सब्जियों की लताएं फैली हैं। इन लताओं में शाम के वक़्त फूल खिलते हैं। बाड़े के उस तरफ मकई की बालियां सर उठाए खड़ी हैं। बैंगन के खिलते बैंगनी फूलों की छटा उनके हरे पत्तों पर खिलकर दिख रही है। मवेशी बंधे हैं। फूस की झोंपड़ी के तले बैठी सफेद साड़ी में लिपटी एक विधवा ने अभी-अभी चटाई बुनना छोड़कर कुछ खाना शुरू किया है: पंताभात। सबसे गरीबों का यही खाना है। पंताभात यानी, भात को रात भर पानी में रख छोड़ा जाता है। साथ में, कड़क मिर्ची। लेकिन ऐसा खाना कुपोषण की बड़ी वजह होता है।

पूरे जंगल महल इलाके में कुपोषण एक बहुत बड़ी समस्या है, खासतौर पर जनजातीय महिलाएं और बच्चे तो कुपोषण के बड़े शिकार हैं। पश्चिम बंगाल विधानसभा चुनाव के दौरान जब मैं पश्चिमी मेदिनीपुर के अमलासोल इलाके में गया तो उस छोटे से गांव का मेरा दूसरा दौरा था। 2011 के चुनाव के वक्त यह गांव तकरीबन भुखमरी से या घर-घर अनाज की कमी से जूझ रहा था।

इस गांव के सबर आदिवासियों में कुपोषण की वजह से बीमारी और मौत काफी आम थी, हालांकि इसको कानूनी तौर पर साबित कर पाना बहुत मुश्किल था, क्योंकि इस बात का प्रशासनिक रिकॉर्ड है ही नहीं और हो भी क्यों?

तीस साल की चमेली मूरा अमझारा गांव की है जो अमलासोल के बगल का गांव है। वह बाबुई घास के रस्सी बांटकर और पास के जंगल से साल के पत्तों लाकर उनके पत्तल बनाकर बेचती है और तब दो जून के भात का जुगाड़ होता है। रोज चमेली और उस जैसी आदिवासी महिलाएं कंकरोझोर और लकईचीनी जंगलों में साल के पत्ते लाने जाया करती है साथ ही तेंदू के पत्ते भी इकट्ठा करना एक काम है लेकिन वह सिर्फ गरमियों में होता है। तेंदू के पत्ते इकट्ठा करना इस इलाके के हर घर का काम है।

चमेली मूरा इकट्ठा किए पत्तों को लेकर पास के गांव के हाट जाती है जो झारखंड में पड़ता है, और उसे 1000 पत्तों के 30-35 रुपए तक मिलते हैं। लेकिन हाड़तोड़ मेहनत करने वाली चमेली का वजन सिर्फ 40 किलो का है। उसकी सहेलियों का तो उससे भी कम है। उसकी एक सहेली सुंदरा चार बच्चों की मां है और उसका बेटा दो साल पहले डायरिया से चल बसा था। इस इलाके में उसे प्राथमिक स्वास्थ्य केंद्र भी नहीं मिल पाया था। उसके बाकी के दो बच्चे, 12 साल और 5 साल के हैं, जिनका वजन महज 19 और 11 किलो है। चौथा बच्चे को जन्म देने के बाद से सुंदरी क़भी बेहतर नहीं हो पाई है।

उसके बच्चों को पका-पकाया खाना सिर्फ तभी मिलता है जब वह गांव के स्कूल अमलासोल प्राथमिक विद्यालय में मिड डे मील का खाना खाते हैं। लेकिन वह रोज नहीं मिलता। बाकी के समय में उन्हें कच्चा-पक्का भोजन ही मिलता है।

हालांकि सरकारी अमला साफ मुकरता है लेकिन इस गांव में स्थिति भुखमरी की ही है। मीडिया रिपोर्ट्स बताती हैं कि 2004 में लालू सबर के पिता की भुखमरी से मौत हो गई थी। अब इसकी वजह पश्चिम मेदिनीपुर रह रहे और सेवानिवृत्त हो चुके प्रोफेसर कुमारेश बनर्जी बताते हैं, 'ये लोग अमूमन जंगली सब्जी और कटहल वगैरह से गुजारा करते हैं, लेकिन यह सब मौसमी फल और सब्जियां हैं। इनको इकट्ठा करने जंगल में जाना होता है इससे सांप काटने और दूसरे खतरे भी होते हैं।'

कुमारेश की बात का समर्थन करती हैं सीता सबर। वह अपनी स्थानीय भाषा में कहती है कि जंगल जाने पर उनको कुछ हो जाए तो सरकार हमारी मौत को खाने की कमी से नहीं मानेगी। उसको एक्सीडेंट से हुई मौत मानेगी।

ऐसा नहीं है कि 2004 में भुखमरी की मौतों की खबरों से लेकर 2011 के विधानसभा चुनाव और 2017 तक इस इलाके में कुछ भी नहीं बदला। मिसाल के तौर पर सड़कें बनी हैं, हालांकि सड़क निर्माण के पीछे की वजह स्थानीय लोग एक पंक्ति में कहते हैं- सरकार ने नक्सलियों से निपटने के लिए सड़क बनाई। लेकिन

जंगल महल के बहुत सारे गांवों में कुएं खोदे गए हैं और सरकार द्वारा उपलब्ध सस्ता अनाज (दो रुपए किलो चावल योजना उनमें से एक है) मिलता है। लेकिन गांव का एक मात्र हाई स्कूल पास लड़का लक्ष्मी बताता है कि यह तो सिर्फ लॉलीपॉप है। खाद्य सुरक्षा के वादे के बावजूद भुखमरी और कुपोषण की समस्या बरकरार है। वह कहता है, अमलासोल में एक मात्र राशन दुकान है (पीडीएस) जिसमें दो रुपए किलो के हिसाब से 5 किलो चावल और 750 ग्राम गेहूं हर हफ्ते मिलता था। लेकिन दुकान कभी-कभार ही खुलती है।

2008 में इस पूरे इलाके में राशन की दुकानों के खिलाफ बड़े प्रदर्शन हुए थे और आंदोलनकारी स्थानीय लोगों का आरोप था कि राशन दुकान वाले लोग कालाबाजारी में लिप्त हैं। 2012 में राज्य सरकार महिलाओं के स्वयंसहायता समूहों के जरिए उचित मूल्य की दुकान लगाने का प्रस्ताव दिया। इससे महिला सशक्तीकरण भी होता, आखिर ममता बनर्जी के *पोरिबोर्तोन* का मूल मंत्र 'मां, माटी, मानुष' का नारा ही तो था। बहरहाल, इलाके में 65 राशन की दुकानें खोलने का प्रस्ताव था लेकिन कोई एसएचजी दुकानें चलाने के लिए आगे नहीं आया।

गीता (बदला हुआ नाम) जो मां मनसा एसएचजी की सदस्य थी, कहती हैं, हमलोग जानते थे दुकान चलेगा नहीं। राशन ठीक से आता नहीं। हमलोग ठीक से राशन बांट भी नहीं सकते, तो हमने

दुकान नहीं चलाने का फैसला किया।

इसी इलाके में कांटापहाड़ी स्वास्थ्य केंद्र पर एक कमउम्र महिला कपड़ों में अपने नवजात बच्चे को लपेटे सूरज की तपिश से बचने के लिए छांव की तलाश करती दिखती है। बीच-बीच में बच्चा चिहुंककर रो उठता है। वह इस छोटे से स्वास्थ्य केंद्र तक आने के लिए लगातार दो घंटे पैदल चली है। बच्चा तीनेक महीने का है, लेकिन देखने में काफी छोटा और कमजोर दिख रहा है। उसके हाथ-पैर, बड़ा माथा, निस्तेज आंखें – हर जगह कुपोषण है।

लालगढ़ आंदोलन के वक्त यह हेल्थ सेंटर बंद हो गया था। 2012 से यह फिर से शुरू हो पाया। अब डॉक्टर भी नियमित तौर पर आने लगे हैं। मां का नाम कामिनी महतो है। बच्चे को देखकर डॉक्टर उसे पोषक आहार देने के लिए कहता है। अब कामिनी खुद दोनों वक्त भरपेट नहीं खा पाती तो बच्चे के लिए उसको ठीक से दूध ही नहीं उतरता। उसका सामी (स्वामी) किसी दूसरे के खेत में मजदूरी किया करता है और यह काम भी साल के चार महीने ही, बाकी के वक्त में जंगल में रहता है।

बहरहाल, इंडिया स्टेट हंगर इंडेक्स 2014, जो राज्य स्तर पर भूख और कुपोषण की माप करता है, कहता है कि इस स्तर पर सीधे हस्तक्षेप की जरूरत है। समस्या सिर्फ घरों में अनाज बांटकर खत्म नहीं होगी, बल्कि सवाल लोगों तक गुणवत्तापूर्ण भोजन उपलब्ध करवाने का है। हालांकि अमलासोल की महिलाओं की

पहली चिंता अभी गुणवत्तापूर्ण खाने की नहीं है बल्कि रोज समय पर खाना मिल भर जाने की है।

तो 2009 से क्या बदला है लालगढ़ में? और जंगल महल में?

2009 बाद से स्थिति ख़राब ही हुई। लोग घुट-घुटकर जिए इन बरसों में। जंगल की शांति को गरजती बंदूकों ने ख़त्म कर दिया था। सुबहें ख़ून से सनी होती थीं और शामें दहशत में लिपटीं। 2008 के बाद से अगले चार साल तक कोई सुबह ऐसी नहीं गुज़री, जब सड़क के किनारे किसी न किसी की लाश न मिली हो।

जिसने भी मुखालफत की, नक्सलियों ने क्रांति और आंदोलन का दुश्मन समझ कर मौत के घाट उतार दिया। चाहे वह ट्यूशन पढ़ाने वाला बेरोज़गार नवयुवक हो, नर्स भारती मांझी हो, डॉक्टर होनीराम मूर्म हो...

जंगल महल में हुए आंदोलन ने यहां हो रहे आधे-पौने कामों की गति भी रोक दी थी। आंगनबाड़ी के सारे केंद्र बंद हो गए थे। मिसाल के तौर पर, बिनपुर-1 ब्लॉक में 398 आंगनवाड़ी केंद्रों में से 88 तो 2016 तक बंद थे। इलाके में महत्वपूर्ण सरकारी पद जैसे डेवेलपमेंट प्रोजेक्ट ऑफिसर या सुपरवाइजर का पद लंबे समय तक खाली रहा। सरकार के मुताबिक, प्रखंड में कम से कम 20 सुपरवाइजर होने चाहिए लेकिन पदस्थापित सिर्फ 8 थे।

डर सिर्फ नक्सलियों का नहीं था। पुलिस कभी भी आ धमकती थी, गिरफ़्तारियां होती थी, पिटाई भी। बच्चे और गर्भवती महिलाएं

भी इस पिटाई से बच नहीं पाईं। कम से कम पांच साल ऐसे गुज़रे कि गांव की सारी व्यवस्था चौपट हो गई।

पुलिस का डर, नक्सलियों की दहशत, कथित तौर पर सत्ताधारी मार्क्सवादी कम्युनिस्ट पार्टी द्वारा गठित हरमद बाहिनी और बाद में कथित रूप से तृणमूल कांग्रेस के कार्यकर्ताओं द्वारा गठित भैरब बाहिनी। डर कई गुना बढ़ता गया। जंगल डरता गया।

यह डर पैदा ही किया गया था इस इलाके पर वर्चस्व स्थापित करने के लिए। एक के विरोध में खड़ा किया गया दूसरा आतंक। घास-फूस, पेड़-पौधे, फूल-लताएं सब पर यह दहशत तारी हो गया था।

बस एक ही चीज़ लोगों को इस आतंक से बचा सकती थी: मुंह बंद रखो। चुप रहो।

जंगल महल उर्फ़ दामन-ए-कोह

जंगल महल का नाम वीरभूम, बांकुड़ा, मेदिनीपुर और छोटानागपुर के पठारी-मॉनसूनी जंगली इलाक़ों को दिया गया था। तारीख़ में थोड़ा और पीछे चलिए: 1765 में बंगाल-उड़ीसा की दीवानी ईस्ट-इंडिया कंपनी को मुग़ल सम्राट शाह आलम से हासिल हो गई थी। इसके बाद से कंपनी ने इस इलाक़े में कर उगाही का काम शुरू किया। लेकिन तब इस इलाक़े में भागलपुर और मुंगेर का क्षेत्र भी शामिल था और इसे तब जंगल तराई कहते थे।

लेकिन उन्हीं दिनों बंगाल में एक भयानक अकाल पड़ा। 1769-73 के बीच आए इस अकाल में लाखों लोग मारे गए थे और तब

अंग्रेज़ कमिश्नर ने वीरभूम में रहने वाले संताल लोगों को जंगल महल के दक्षिणी इलाक़े में बसने के लिए प्रोत्साहित किया था। भुखमरी से बचने के लिए संताल आबादी मिदनापुर, और राजमहल इलाक़े में जा बसी। जंगल महल या दामन-ए-कोह (यह भी एक नाम है, कोह का अर्थ होता है पहाड़ और दामन का मतलब अंचल) संतालों से आबाद हो गया।

वह वही वक़्त था जब इस इलाक़े पर अंग्रेज़ों का कब्ज़ा काफी मज़बूत हो गया और प्रशासनिक सुविधा के लिए 1805 में जंगल महल अलग ज़िला बनाया गया। इस ज़िले में 23 परगने और महल शामिल थे। बाद में, 1833 में जंगल महल ज़िले को ख़त्म कर दिया गया और इसके अंदर आने वाले सेनपहाड़ी, शेरगढ़ और बिष्णुपुर की जागीरें वर्धमान ज़िले में जोड़ दी गईं और बाकी के इलाक़ों से मानभूम ज़िला बनाया गया।

बहरहाल, उस वक़्त बनाया गया मानभूम ज़िला साढ़े सात सौ वर्ग मील से भी अधिक क्षेत्रफल वाला बेहद बड़ा ज़िला था। जंगल महल, खासकर पश्चिम मेदिनीपुर ज़िला आज़ादी के आंदोलन का गढ़ रहा है। जन-आंदोलनों का यहां का इतिहास बेहद बेशक़ीमती है और राजनीति विज्ञान के छात्रों को तो यहां एक बार ज़रूर आना चाहिए। भारतीय आज़ादी के आंदोलनों से जुड़े ईश्वर चंद्र विद्यासागर, खुदीराम बोस और मातंगिनी हाज़रा जैसे अनेक नाम यहीं की धरती ने पैदा किए हैं।

आज की तारीख़ में पश्चिम बंगाल के तीन ज़िलों, बांकुरा, पुरुलिया और पश्चिमी मेदिनीपुर (मिदनापुर) को जंगल महल का इलाक़ा कहा जाता है। जंगल महल का बाक़ी कुछ हिस्सा झारखंड में भी है लेकिन मुख्य रूप से यही इलाका है जिसने देश और दुनिया भर में अपने नक्सली आंदोलन के हिंसक रूप धारण करने की वजह से सुर्खियां बटोरी थीं।

हाशिए का महल

जंगल महल में आने वाले तीन अशांत ज़िले देश के सबसे गरीब इलाकों में से एक है। बिहार, झारखंड और उड़ीसा जैसे गरीब, इलाकों जहां पर नक्सली हिंसा को जोर है, पश्चिम बंगाल के इस इलाके की स्थिति भी कुछ अलग नहीं है। इलाके को देखकर ही इसके आर्थिक हालात का अंदाज़ा लगाया जा सकता है। ज़्यादातर महिलाएं एनीमिया की शिकार लगती हैं और बच्चे कुपोषणग्रस्त। यह बुरी हालत कोई नई बात नहीं है। जंगल महल के नाम से रहस्यमय ढंग से देश भर में मशहूर यह क्षेत्र ऐसा है, जिसके बारे में ज्यादातर लोग ठीक से नहीं जानते।

पश्चिम मिदनापुर का इलाका काफी बड़ा है और इस ज़िले में दो तरह के क्षेत्र साफ़ तौर पर देखे जा सकते हैं – शुष्क पतझड़ वनीय क्षेत्र और चिकनी मिट्टी का मैदानी इलाक़ा। ज़िले की करीब 33 फ़ीसदी आबादी वंचित अनुसूचित जाति और जनजाति की है। आबादी का 90 फ़ीसदी हिस्सा ग्रामीण है और यहां अर्थव्यवस्था

का आधार अभी भी खेती ही है।

पश्चिम मिदनापुर ज़िले के नयाग्राम और गोपीबल्लभपुर में साक्षरता का स्तर काफी नीचे है और इन इलाकों में पुरुष-स्त्री साक्षरता दर में अंतर भी काफी ज़्यादा है। जंगल महल आय, साक्षरता और स्वास्थ्य के पैमानों पर हाशिए पर रहा है। पश्चिम बंगाल सरकार के मानव विकास रिपोर्ट, 2011 की ओर देखें तो पूरे सूबे का मानव विकास सूचकांक का अंक 0.492 है, जबकि बांकुरा और पुरुलिया में यह 0.52 और 0.45 है। आमदनी के स्तर पर यह इंडेक्स बांकुरा के लिए 0.26 और पुरुलिया के लिए 0.18 था जबकि पूरे राज्य के लिए यह सूचकांक 0.43 था। (बांकुरा पश्चिम बंगाल के उस वक्त के 19 जिलों में 11वें और 16वें रैंक पर था।) लेकिन बांकुरा, पुरुलिया और पश्चिम मिदनापुर में क़रीब चालीस ब्लॉक (वास्तविक जंगल महल क्षेत्र) जहां माओवाद अपने चरम पर था, यह परिदृश्य कुछ अलहदा ही था। पश्चिमी दिनाजपुर और मिदनापुर के लिए उस वक्त् अलग-अलग आंकड़े उपलब्ध नहीं हो पाए थे, ऐसे में दोनों को एक ज़िला मानकर रैंकिंग की गई थी। इसमें भी मानव विकास सूचकांक में 0.51 और इन्कम इंडेक्स में 0.39 स्तर पर ही था।

जरा कुछ और आंकड़ों पर नज़र डालते हैं जो इस इलाके में आजादी के साठ साल के बाद (आंकड़े आंदोलन के वक्त के हैं) कथित और बहुचर्चित शब्द 'विकास' को निरूपित करते हैं।

बिनपुर एक और दो (लालगढ़ और बेलपहाड़ी) में अनुसूचित जनजाति और अनुसूचित जाति की आबादी कुल मिलाकर 54.6 फीसदी और 57.5 फीसदी है। गरीबी रेखा से नीचे रहने वालों की आबादी 40 फीसदी और 37 फीसदी है। यह आंकड़े भी बताते हैं कि इन इलाकों में हिंसक आंदोलन ज्यादा क्यों चला। यह आंदोलन संतालों ने शुरू किया और क्यों इसका आधार जन-जाति (इस मुख्य कमिटी का अध्यक्ष एक महतो था और संताल महासचिव) बन गई। खासकर बेलपहाड़ी में कामगारों में खेतिहर मजदूरों का अनुपात 32 फीसदी है। इसका मतलब है इस इलाके में कृषि कार्य भी औसत से कम होता है क्योंकि पूरे बंगाल का यह अनुपात 44 है। वहीं खेतिहर मजदूर बनाम किसान का औसत यहां 0.76 है। यानी, बहुत बड़ी संख्या में कामगार अनियमित और असंगठित कामों में लगे हैं। लालगढ़ में 75 फीसद लोग छोटे और सीमात किसान है और बेलपहाड़ी में 57 फीसदी।

यह तस्वीर ऐसी है कि दूर-दूर तक उजाले की कोई आस नहीं दिखती।

माओवादी हिंसा से प्रभावित इलाके दूर-दराज में अवस्थित हैं। जहां उपजाऊ ज़मीन की कमी है और ज्यादातर स्थानीय जनजातीय लोग भूमिहीन हैं। उनमें भी अधिकतर लोग बेहद ग़रीबी में जी रहे हैं, और रोज़गार के लिए ये लोग खेतिहर मज़दूर बन जाते हैं। पश्चिम मिदनापुर के बंसापहाड़ी, बेलपहाड़ी, भुलवाड़ा और कंकराझोर जैसे

जंगली इलाकों में इन जनजातीय लोगों की आजीविका का एकमात्र ज़रिया वनोपज इकट्ठा करके बेचना ही था। जंगलों से इन जनजातियों की महिलाएं लकड़ी, केंदू पत्ते, साल के पत्ते, दुद्धी लता (एक तरह की लता, जो रस्सी की तरह काम में लाई जाती है) वगैरह इकट्ठा करके लाती हैं। यह वनोपज इतने कम दामों पर बिकता है कि इससे रोज़मर्रा का खर्च निकालना भी कठिन है। एक रिपोर्ट के मुताबिक, दुद्धी लता के सौ नगों की कीमत सात रुपए होती है और लकड़ी का एक गट्ठर सिर्फ पांच रुपए में बिकता है। इन इलाकों में लोगों की दैनिक आमदनी तीस से पैंतीस रुपए के बीच होती है। इस नज़र से देखें, तो इन्हें सबसे पहले बीपीएल में शामिल किया जाना चाहिए था।

समस्या यह थी कि सुरक्षा बलों पर इन महिलाओं को ही परेशान करने के आरोप लगे। इस इलाके में कृषि आधारित उद्योग स्थापित किए जा सकते थे लेकिन केंद्र और राज्य सरकार दोनों का नज़रिया कुछ उपेक्षा भरा ही रहा। विकास की तेज़ रफ़्तार की सुर्ख़ियों के बीच इन चालीस प्रखंडों में आर्थिक रफ़्तार सुस्त ही रही और ऐसे में यहां की जनता सियासत का मोहरा बन गई।

वैसे भी, पश्चिम बंगाल में आर्थिक वृद्धि की रफ़्तार कुछ ख़ास नहीं थी। वाम मोर्चा की सरकार उद्योगों को ध्वस्त कर देने के सियासी आरोप झेल रही थी। पश्चिम बंगाल में शहरी हो या ग्रामीण अनुसूचित जाति और अनुसूचित जनजाति के जीवन स्तर के मामले में राष्ट्रीय औसत से काफी पीछे था। गौरतलब है कि प. बंगाल के ग्रामीण

इलाकों में गरीबी की दर 1973-74 में देश भर में सबसे अधिक थी (73.2%)। चालीस साल की अवधि में, वहां गरीबी में 40 फीसदी की कमी आई है। लेकिन देश के बाकी ग्रामीण इलाकों में गरीबी में यह कमी तकरीबन आधी हो गई। पश्चिम बंगाल मानव विकास रिपोर्ट 2004 के मुताबिक, 1999-2000 के ग़रीबी के आंकड़े के लिहाज से सूबे में ग़रीबी ग्रामीण इलाकों में 86 फीसदी है। यानी कुल गरीब आबादी का 86 फीसदी हिस्सा गांवों में रहता है।

पश्चिम बंगाल सरकार के आंकड़ों में देखा जाए तो राज्य में मोटे तौर पर 12.7 फीसदी पुरुष और 51 फीसदी महिलाएं सीमांत कामगार हैं। जबकि पुरुलिया में यह आंकड़ा 26.6 और 67.4 फीसदी है, बांकुरा में 18.1 और 63.2 फीसदी है। इस इलाके में मौजूदा और बढ़ती ग़रीबी से यह तय है कि यहां की आने वाली पीढ़ियों को भी यही समस्याएं झेलनी होंगी। एक रिपोर्ट के मुताबिक, वर्तमान में, पश्चिम बंगाल के 20.4 फीसदी बच्चे कुपोषण के शिकार हैं। जबकि पुरुलिया के 21 फीसदी, बांकुरा के 23.6 फीसदी और पश्चिमी मिदनापुर के 25.6 फीसदी बच्चे कुपोषण झेल रहे हैं।

दो पाटन के बीच में

यह इलाक़ा सामाजिक-आर्थिक रूप से काफी पिछड़ा हुआ है। विकास के नाम पर हो रही गतिविधियां की रफ्तार भी काफी धीमी थी और जाहिर है, इसने गरीबों के मसीहा या रॉबिनहुड का बाना

धरने में नक्सली नेताओं की काफी मदद की। इस तरह वे इस इलाके में पांव जमाने में कामयाब हुए।

इस इलाक़े के इन तीन ज़िलों में, पश्चिमी मिदनापुर के कुल सत्ताइस प्रखंडों में से बीस, जिनमें झारग्राम, जाम्बोनी, लालगढ़, बेलपहाड़ी, संकरैल जैसे दुर्गम प्रखंड भी शामिल हैं, नक्सल आंदोलन की रीढ़ थे। पुरुलिया जिले का बड़ा हिस्सा भी जंगल महल के अंतर्गत ही आता है, जिसके इक्कीस प्रखंडों में से बारह यानी मानबाज़ार एक और मानबाजार दो, अर्शा, रघुनाथपुर, बांदुआ, बलरामपुर और बाघामुंडी जैसे प्रखंडों को नक्सल प्रभावित माना जाता है। जबकि, बांकुरा के दक्षिणी हिस्से वाले प्रखंडों, रानीबांध, रायपुर एक और रायपुर दो और सिमलापाल में नक्सल गतिविधियां काफी तेज़ थीं।

पश्चिम बंगाल में पूर्ववर्ती वाम मोर्चे की सरकार ने पश्चिमांचल उन्नयन मंत्रक (पश्चिम क्षेत्र विकास मंत्रालय) का गठन किया था, ताकि जंगल महल की विकास की समस्याओं का अध्ययन कर उसे दूर किया जा सके। इससे जुड़े मसले को निपटाने के लिए एक कैबिनेट मंत्री को प्रभार दिया गया था। लेकिन उसमें जंगल महल का प्रतिनिधित्व नहीं था। ऐसे में असंतोष बढ़ता गया। ऐसे अल्प-विकसित इलाके हिंसक नक्सल गतिविधियों और उग्रवाद के लिए काफी उर्वर ज़मीन होते हैं। इसी मौके को भुनाने के लिए आंध्र प्रदेश के मल्लाजुल्ला कोटेश्वर राव उर्फ किशनजी भी 1995

से जंगल महल में अपनी जड़ें जमाने में व्यस्त थे और उन्होंने इस इलाके में अपनी सैन्य दक्षता के दम पर एक नक्सली तंत्र खड़ा भी कर लिया था। लेकिन घटनाओं का असली सिलसिला शुरू होता है 2008 के नवंबर महीने की दूसरी तारीख़ से, जब पश्चिम बंगाल के तत्कालीन मुख्यमंत्री बुद्धदेव भट्टाचार्य, केंद्रीय इस्पात और खनन मंत्री रामविलास पासवान जिंदल स्टील वर्क्स के मालिक नवीन जिंदल शालबॅनी के विशेष आर्थिक क्षेत्र (एसईजेड) में जिंदल इस्पात संयंत्र के शिलान्यास से लौट रहे थे।

इस परियोजना के लिए करीब 5 हज़ार एकड़ ज़मीन का अधिग्रहण किया गया था, जिसमें से सरकार ने 4500 एकड़ का अधिग्रहण करके कंपनी को दिया था और 500 एकड़ ज़मीन जिंदल ने सीधे भूमि के मालिकों से खरीदा था। आरोप यह था कि इसमें से अधिकतर भूमि सरकार के पास उस ज़मीन के तौर पर थी, जिसे भूमि सुधार योजना के तहत वाम मोर्चे की राज्य सरकार को भूमिहीन जनजातीय समुदाय में वितरित करना था। इस ज़मीन का बड़ा हिस्सा वन-क्षेत्र के तहत भी आता था।

हालांकि यह ज़मीन मूलतः एक सामान्य इस्पात संयंत्र के लिए अधिगृहीत की गई थी, लेकिन सितंबर, 2008 में जिंदल ग्रुप ने इस परियोजना के लिए राज्य सरकार की मदद से विशेष आर्थिक क्षेत्र की मान्यता हासिल कर ली। इसकी वजह से उनको बहुत सारी क़ानूनी बाध्यताओं से मुक्ति मिल गई, इनमें सबसे महत्वपूर्ण छूट

थी, पर्यावरण पर पड़ने वाले असर से छूट (इन्वायर्नमेंटल इंपैक्ट असेसमेंट-ईआईए)। राज्य सरकार को, जंगल के बीच में प्रदूषण फैलाने वाली स्टील प्लांट से कोई दिक़्क़त नहीं थी। लेकिन, इस परियोजना से जनजातीय लोगों को उनके घर-बार से बेघर कर दिया जाने वाला था। उनकी आजीविका पर संकट आने वाला था। ज़ाहिर है, संतालों समेत इस इलाके की ग्रामीण आबादी बेचैन हो उठी थी। हालांकि, तब मुख्यधारा की मीडिया ने इस पूरी परियोजना की बहुत चमकती तस्वीर पेश की थी।

स्थानीय आबादी में छाई इस बेचैनी का फायदा किशनजी जैसे नक्सल नेताओं ने बहुत चतुराई से उठाया। उस वक़्त, यानी 2008 के आख़िरी महीनों में, माओवादी उग्रवादी शालबॅनी और सटे हुए लालगढ़ इलाके में बहुत अधिक सक्रिय हो गए थे। उस वक़्त की मीडिया रिपोर्ट्स खुलासा करती हैं कि पश्चिमी मेदिनीपुर, बांकुरा और पुरुलिया, इन तीन सटे हुए ज़िलों में कम से कम बारह पुलिस थानों में माओवादी उग्रवादी सक्रिय थे।

2 नवंबर, 2008 को पश्चिम बंगाल के मुख्यमंत्री और केंद्रीय इस्पात मंत्री के काफ़िले पर बारूदी सुरंग के ज़रिए हमला किया गया। हालांकि, नेताओं की कार सुरक्षित निकल गई लेकिन पुलिस वैन इसकी चपेट में आ गई थी और छह पुलिसकर्मी घायल हो गए थे। इस मामले की जांच में निचले स्तर के तीन पुलिसकर्मी निलंबित किए गए थे और कई आला पुलिस अधिकारियों को अपनी ड्यूटी

में लापरवाही की वजह से कारण बताओ नोटिस भी जारी किया गया था। बहरहाल, पुलिस ने जब इस माओवादी हमले के बाद अपनी कार्रवाई शुरू की तो उस पर जनजातीय समुदाय संतालों और गैर-जनजातीय स्थानीय लोगों के उत्पीड़न का आरोप लगा। मुख्यमंत्री के काफ़िले पर हमले के असली सूत्रधार का सुराग पाने में नाकाम पश्चिम बंगाल पुलिस ने स्थानीय लोगों से पूछताछ शुरू की, ऐसे में गिरफ़्तारियों और उत्पीड़नों का दौर भी चला।

इस इलाके में कुछ किशोर छात्रों की गिरफ़्तारियां हुई, जिनमें से अबेन मुर्मू, गौतम पात्रा, बुद्धदेब पात्रा जैसे लड़के पहले नामों में से थे। ये लोग किसी मेले से घर लौट रहे थे। इन लड़कों पर देश के ख़िलाफ़ युद्ध छेड़ने, आपराधिक षड्यंत्र, हत्या की कोशिश, न्याय में अवरोध उत्पन्न करने और ख़तरनाक हथियारों का इस्तेमाल करने जैसे संगीन आरोप लगाए गए थे।

जोड़ो पुलिस और सीआरपीएफ की टीम ने, जिसकी अगुआई लालगढ़ पुलिस स्टेशन के ऑफिसर-इन-चार्ज संदीप सिन्हा रॉय कर रहे थे और साथ में पश्चिम मेदिनीपुर के एसपी राजेश सिंह ने आसपास के 35 गांवों में सघन अभियान चलाया। 6 नवंबर को पूरी रात छापों का दौर चला था और इस दौरान, गांववाले आरोप लगाते हैं कि महिलाओं को बुरी तरह लात-घूंसों, लाठियों और राइफल के कुंदों से पीटा गया। घायल महिलाओं में, चिंतामनि मूर्मू की आंख में राइफल के कुंदे से चोट आई थी और पनामनि हांसदा

की छाती पर लात मारी गई थी। दोनों को अस्पताल में भर्ती कराया तो गया लेकिन चिंतामनि की आंखों की रोशनी हमेशा के लिए जाती रही और पनामनि के हड्डियां कई जगहों से टूटी हुई थीं। आठ और भी महिलाएं इस मार-पीट में बुरी तरह जख्मी हुई थीं। जनजातीय आक्रोश भड़क उठा। डुगडुगियां बज उठीं। पुलिस उत्पीड़न की मुख़ालफत में 6 नवंबर, 2008 को लालगढ़ पुलिस स्टेशन को चारों तरफ से लोगों ने घेर लिया। थाने में तोड़-फोड़ हुई। 7 नवंबर को जब पश्चिम बंगाल में सत्ताधारी मार्क्सवादी कम्युनिस्ट पार्टी (सीपीएम) बोल्शेविक क्रांति की सालगिरह मानने में व्यस्त थी, पारंपरिक हथियारों से लैस दस हज़ार संताल पुरुषों और महिलाओं ने लालगढ़ की सड़कों पर आकर उसे बाकी जगहों के संपर्कों से काट दिया था। रात होते-होते दसेक हजार की भीड़ जुट गई थी। संतालों की शीर्ष संस्था भारत जकत माझी मड़वा जुआन गोंता ने इस संघर्ष की अगुआई संभाल ली, लेकिन बाद में, दिशाम मांझी (सर्वोच्च मुखिया) नित्यानंद हेंब्रम ने स्वीकार किया कि संस्था का इस आंदोलन पर कोई नियंत्रण नहीं रह गया था और यह आंदोलन ही संस्था को नियंत्रित कर रहा था।

बहरहाल, इस जनजातीय आंदोलन की मांग शुरुआत में कुछ भी नहीं थी। लोग बस इतना चाहते थे कि एसपी कान पकड़ कर माफी मांग लें, और दोषी पुलिसवाले सड़क पर नाक रगड़ें। अब यह मांगें ऐसी थीं कि पुलिस-प्रशासन को समझ ही नहीं आया कि

आखिर इस पर क्या प्रतिक्रिया दे। हालांकि बाद में इन मांगों में सुधार लाया गया और एसपी द्वारा बिला शर्त माफी मांगने और मारपीट करने के दोषी पुलिसकर्मियों पर कार्रवाई की बात रखी गई, साथ में 2 लाख रुपए का हर्जाना हर घायल को देने की मांग रखी गई। लेकिन यह मांग ठुकरा दी गई।

इस उत्पीड़न के विरोध में छत्रधर महतो (जिनके भाई शशिधर महतो नक्सली नेता थे, और किशनजी के निकट सहयोगी भी) ने स्थानीय लोगों के साथ मिलकर पुलिस संत्रास विरोधी जनसाधारणेर कमेटी (पीसीपीएसी) गठित कर दी।

लालगढ़ में आंदोलन की सबसे खास बात थी कि इसमें महिलाओं की भूमिका बेहद अहम रही थी। महिलाओं ने इस उग्र आंदोलन की अगुआई की थी और हर तरह से इसे संचालित भी कर रही थीं। हथियार उठाने से लेकर बड़ी रैलियों में जनता को संबोधित करने के लिए माइक पकड़ने तक, महिलाएं हर जगह थीं। यह महिलाएं गांव की सीधी-साधी महिलाएं थीं, अनपढ़ भी, जिन्होंने कभी खेतों से बाहर का रुख भी नहीं किया था।

इस आंदोलन से जुड़े सभी बड़े फैसले बड़े जुटानों में लिए जाते थे। दलिलपुर में ऐसा ही एक जुटान था जिसमें 158 गांवों के करीब 12 हजार लोग जुटे थे। इनके घरों पर नीले रंगों से लिखा था: *जनसाधारण।*

और कुछ हो न हो, लेकिन लालगढ़ आंदोलन भागीदारी वाले

लोकतंत्र की मिसाल भी बना। जिन दस सदस्यीय ग्रामसभाओं की बात मैंने की, उसकी केंद्रीय संयोजन कमिटी में हर गांव से एक महिला और एक पुरुष होता था। यही कमिटियां न सिर्फ आंदोलन से जुड़े फैसले ले रही थी, उनमें संशोधन कर रही थीं, बल्कि वह उन दिनों गांवों के आम प्रबंधन से जुड़े फैसले भी ले रही थीं। महिलाएं आला अधिकारियों को गांव बुलातीं, उन्हें हाथ की बुनी चटाइयों पर साथ में जमीन पर बिठातीं और तब मुद्दे पर चर्चा होती। किसी हाकिम-हुक्काम के साथ देश के किसी कोने में ऐसा नहीं होता। आमतौर पर तो अफसर कुरसी पर होते हैं और लोग उनके चारों तरफ जमीन पर।

पीसीएपीए (पीपल्स कमेटी अगेंस्ट पुलिस एट्रोसिटीज़ या पुलिस संत्रास विरोधी जनसाधारणेर कमेटी) 8 नवंबर 2008 को अस्तित्व में आई। जिसमें छोटोपेलिया, बारोपेलिया, देरीगेरा, नरछया, अमलिया और बारकांर समेत दस गांवों में से हरेक से पांच महिलाएं और पांच पुरुष शामिल थे। यह फैसला लिया गया कि महिला प्रतिनिधि ही हर जगह जाया करेंगी – चाहे वह पुलिस के पास ज्ञापन देना हो या प्रशासन के पास या फिर आम सभाओं से लेकर नुक्कड़ों तक, महिलाएं ही अगुआई करेंगी।

लालगढ़ में शुरू हुए इस विरोध के पीछे कुछ और वजहें भी थीं। राइटर्स बिल्डिंग में कुरसी पर काबिज वाम मोर्चे की ताकतवर सरकार का एरोगेंस और उसके जनता की समस्याओं को

लापरवाही भरे अंदाज में सुलझाने का सलीका भी आग में घी और जख्म पर नमक छिड़कने जैसा था।

पुलिस उत्पीड़न के खिलाफ सड़क पर उतरे स्थानीय लोगों (तब यह जमात नक्सली नहीं मानी जा रही थी) के खिलाफ वाम कैडर ने अघोषित युद्ध छेड़ दिया। स्थानीय लोगों ने नाम न छापने की शर्त पर बताया कि इस कैडर ने विरोध कर रहे लोगों के कुंओं में केरोसिन तेल डाल दिया।

लोगों का भरोसा पुलिस और अर्ध-सैनिक बलों से उठ गया था, क्योंकि उन्हें लग रहा था कि यह तो राज्य सरकार की तरफ से कार्रवाई करने वाले प्यादे हैं, जो 'नए ज़मींदारों' के हितों की रक्षा के लिए काम कर रहे हैं।

इस घटना के करीब सात महीने बाद, 16 जून 2009 को लालगढ़ कस्बे के बीच मैदान में करीब छह सौ गांवों के पन्द्रह हज़ार से ज़्यादा लोग जमा हुए तो मंच से 'पुलिस किसकी? नए ज़मींदार की' जैसे नारे लग रहे थे।

वाम मोर्चे के तीन दशक लंबे शासनकाल में एक बार फिर नक्सलियों का रुख़ वामपंथियों के खिलाफ ठीक वैसा ही हो गया था, जैसा चार दशक पहले कांग्रेस के ख़िलाफ़ वामपंथियों ने हथियार उठाकर कांग्रेस को ज़मींदार और फासीवादी क़रार दिया था।

लेकिन सत्ता में बने रहने के लिए वाम कैडर ने कुछ अलग किस्म के खेल किए। मसलन, 2009 में राज्य के सत्रह ज़िले ऐसे

थे, जहां खेती न हो तो परिवारों को दाना नसीब नहीं होता। इन ज़िलों में ग़रीबी की तादाद इतनी है कि साठ फीसदी घरों में बीपीएल कार्ड थे और नब्बे फीसदी परिवारों के घर सार्वजनिक वितरण तंत्र (पीडीएस) से ही राशन का चावल-गेहूं आता था। लेकिन यह बीपीएल कार्ड या रोज़गार के लिए दिया गया मनरेगा कार्ड भी सत्ताधारी वामपंथियों कैडरों के पास जमा रहता था।

इसलिए मुखालफत के लिए लोगों ने तब अपेक्षाकृत कमजोर विकल्प रहीं ममता बनर्जी के मुकाबले नक्सल आंदोलन की शरण में जाना ज़्यादा मुफीद समझा।

उन्हीं दिनों बांकुरा, पश्चिम मेदिनीपुर और पुरुलिया ज़िलों के लालगढ़, शालबॅनी इलाके में माओवादी आंदोलन मुखर हो उठा। अगर आपको याद हो, तो पुरुलिया वो जगह है, जो हवाई जहाज़ से हथियार गिराए जाने की वजह से काफी चर्चा में रही थी। जिस इलाके में हथियार गिराए गए थे वह था अयोध्या हिल्स। अयोध्या हिल्स 2008-09 से लेकर 2011 तक एक तरह से माओवादियों का मुक्त क्षेत्र था।

लेकिन पुरुलिया का अयोध्या हिल्स हो या पश्चिमी मेदिनीपुर का लालगढ़-झारग्राम-शालबॅनी का इलाका, 2009 में लालगढ़ में पुलिस थाने पर माओवादियों ने जो हमला करने का दुस्साहस किया था, उसकी पटकथा बहुत पहले से तैयार हो रही थी। लेकिन इस कहानी की अहमियत को न तो वहां की सिविल सोसायटी

समझ पा रही थी न राजनीतिक दल इसकी बू सूंघ पाए थे। वहां जो भी शुरू हुआ था वह पुलिस की कथित बर्बरता के ख़िलाफ़ शुरू हुआ था। लालगढ़ एक जगह नहीं, फिनोमिना में बदल गया। इसी फिनोमिना का असर अब भी अयोध्या हिल्स के अंदरूनी इलाकों में दिखता है।

अयोध्या हिल्स इलाके में संतालों के ऐसे ही एक गांव में मुझे नियॅति मिली थी। वैसे तो नियॅति का मतलब किस्मत होता है लेकिन इस संताली युवती का नाम उसके काम से बिलकुल मुफ़ीद बैठता था। इस लड़की को पुलिस रिकॉर्ड में नक्सली बताया गया था। बहरहाल, उन्नीस साल की यह युवती मिट्टी के अपने घर में अपने पिता के साथ धान सुखा रही थी। उसकी शादी बहुत पहले हो गई थी। एक सामान्य लड़की, जिसके चेहरे से शर्मीली मुस्कुराहट हटती न थी, यह हिंसक नक्सली कैसे हो सकती है भला!

नियॅति ने बताया कि आंदोलन के दिनों में वह कुछ मनचले उसको छेड़ते थे। आजिज़ आकर उसने एक लड़के पर टांगी (कुल्हाड़ी) से वार कर दिया था। उसके पिता को या खुद उसे पता नहीं कि वह लड़का जिंदा है या मर गया, लेकिन पुलिस ने तब उसे नक्सली मान लिया था।

2009 के मई के आख़िरी दिनों में, पश्चिमी मिदनापुर के लालगढ़ क़स्बे में, नक्सलवादियों ने स्थानीय पुलिस को तकरीबन हराकर प्रशासन पर कब्जा कर लिया था। राज्य सरकार ने केंद्रीय बलों की

मदद से कार्रवाई करते हुए जून में लालगढ़ पर दोबारा अपना आधिपत्य बहाल किया। एक इंटरव्यू में माओवादियों के नेता किशनजी ने दावा किया था कि 2009 के आंदोलन का लक्ष्य एक 'पुलिस और व्यवस्था के दमन से मुक्त' एक 'आज़ाद इलाका' स्थापित करना था। किशन जी ने कहा था कि इस आंदोलन ने नक्सलवादियों को पश्चिम बंगाल में नक्सल आंदोलन के सत्तर के दशक में उभरने के बाद पहली दफ़ा एक मज़बूत आधार प्रदान किया है और 'हम लोग 2011 तक कोलकाता की तरफ एक सशस्त्र मार्च' करेंगे।

बहरहाल, यह अलग बात है कि किशनजी को 2011 में ही कोबरा कमांडोज़ (पश्चिम बंगाल में माओवादियों से लोहा लेने के लिए गठित की गई सीआरपीएफ कमांडोज़ की बटालियन) और पश्चिम बंगाल पुलिस के दो तेज़-तर्रार पुलिस अफसरों ने बारीकी से किए गए एक मुठभेड़ में मार गिराया। लेकिन, पश्चिम बंगाल में 2010 में माओवादी हिंसा में एक नाटकीय उछाल देखा गया था। राज्य अपराध रेकॉर्ड ब्यूरो और गैर-सरकारी आंकड़ों के आधार पर कहें, तो 2009 में कुल 158 लोग माओवादी हिंसा के शिकार हुए थे, जिनमें 134 नागरिक, 15 सुरक्षाकर्मी और 9 माओवादी थे।

वहीं, 2010 में 328 स्थानीय नागरिकों, 36 सुरक्षाकर्मियों और 61 माओवादियों समेत कुल 425 लोगों की मौत हुई थी। इन 61 नक्सलियों में माओवादी कैडर के साथ पुलिस संत्रासविरोधी

जनसाधारणेर कमेटी (पीपल्स कमिटी अगेंस्ट पुलिस एट्रोसिटीज़) के लोग भी थी। माओवादी हिंसा में मौत के मामले में 2010 में पश्चिम बंगाल का नंबर 2006 से सबसे ऊपर चल रहे छत्तीसगढ़ को भी पार गया था।

पूरे सूबे में माओवादी हिंसा में मौतों की संख्या 2005 में सिर्फ 6 थी जो साल दर साल बढ़ती ही गई। 2008 में 24, 2009 में 158 और 2010 में 418 मौतें नक्सल हिंसा की वजह से हुईं। शहीद हुए सुरक्षाकर्मियों की संख्या भी बढ़कर 2010 में 36 हो गई थी, जो 2009 में 15 थी। जबकि मुठभेड़ में मारे जाने वाले माओवादी कैडरों की संख्या 2009 से 9 के मुकाबले 61 हो गई थी। यानी सुरक्षाबलों और माओवादियों के बीच सीधे संघर्ष की घटनाएं बढ़ी थीं।

2010 में बड़े हमले की 14 घटनाएं हुई थीं (बड़ी घटनाएं, जिनमें तीन या अधिक लोग मारे गए हों)। बारूदी सुरंग से विस्फोट की घटनाएं बढ़कर 2010 में कम से कम 25 हुई थीं, आगजनी की 18 और अपहरण की दो (अपहरण की बहुत सारी घटनाओं की रिपोर्ट माओवादियों के डर से लिखवाई भी नहीं गई थीं)।

सामूहिक रूप से भीड़ के रूप में हमला करने की घटनाओं में भी तेजी आई थी और 2009 में आठ हमलों के मुकाबले 2010 में सात ऐसे हमले किए गए।

नतीजतन, बंगाल में जब ममता बनर्जी 2011 में पोरिबोर्तन (परिवर्तन) की लहर लेकर आईं, तो शेष बंगाल के साथ ही जंगल

महल में भी वाम मोर्चे को मुंह की खानी पड़ी। तृणमूल कांग्रेस ने जंगल महल के इलाके की 40 सीटों में से 25 पर जीत हासिल की थी। इस बड़ी जीत के पीछे वाम मोर्चा सरकार से मोह भंग और सत्ताविरोधी लहर तो थी ही, ममता बनर्जी ने अपनी फायर ब्रांड छवि के साथ पीसीएपीए का समर्थन भी हासिल कर लिया। पीसीएपीए ने गांवों में अपनी पैठ का इस्तेमाल किया और जनता से वाममोर्चे को हराने की अपील की। नतीजतन, तृणमूल कांग्रेस और कांग्रेस का गठजोड़ चुनाव जीत गया था।

आंदोलन के दौर में सियासी हिंसा में वाम मोर्चे के कार्यकर्ताओं की हत्याएं भी हुईं। नई सरकार के साथ यहां लोगों की उम्मीदें भी बढ़ी हुई थीं। उम्मीदें पूरी नहीं हुईं तो टीएमसी के रोबीन्द्रनाथ मिश्रा और लालमोहन महतो जैसे कार्यकर्ताओं की हत्या शुरू हो गई।

हालांकि, मई 2011 में ममता बनर्जी के मुख्यमंत्री बनने के बाद से ऐसी मौतों का सिलसिला रुक गया। अखिल भारतीय तृणमूल कांग्रेस के सत्ता में पोरिबोर्तन की लहर आने के बाद माओवादियों के साथ गठजोड़ बन गया, और इससे सरकारी मशीनरी के खिलाफ हमले भी रुक गए और पुलिस की कार्रवाई भी। हैरत की बात नहीं कि यह व्यवस्था ज्यादा दिनों तक टिक नहीं पाई, और अपने दबदबे वाले इलाके में माओवादियों ने तृणमूल के राजनीतिक कार्यकर्ताओं को निशाना बना शुरू कर दिया। कुछ हाई प्रोफाइल तृणमूल नेताओं की हत्या के बाद मुख्यमंत्री को मजबूर होकर पुलिस की कार्रवाई

फिर से शुरू करने का आदेश देना पड़ा। सुरक्षा बलों ने इस बार माओवादियों के खिलाफ सघन अभियान छेड़ा और इसें माओवादी पोलित ब्यूरो सदस्य किशनजी को मुठभेड़ में 24 नवंबर 2011 को मार गिराया गया। इसके बाद सुरक्षा बलों और पुलिस को और कामयाबियां भी हासिल हुईं, जिनमें कई महत्वपूर्ण गिरफ्तारियां और आत्मसमर्पण शामिल हैं। इसके बाद से इस इलाके में माओवादी हिंसा पर पूरी तरह लगाम लगाई जा सकी। 2012 में साउथ एशिया टेररिज्म पोर्टल (एसएटीपी) के आंकड़ों में सिर्फ चार मौतें दर्ज हैं, जिनमें दो नागरिक और दो माओवादी कैडर शामिल हैं। 2011 में कुल 53 लोग, जिनमें 41 नागरिक, दो सुरक्षाकर्मी और 10 माओवादी मारे गए थे। 2012 में राज्य में तीन या अधिक लोगों के एकसाथ मारे जाने की कोई बड़ी घटना भी दर्द नहीं की गई। जबकि 2011 में ऐसी तीन घटनाएं घटी थीं।

2011 में पश्चिम बंगाल विधानसभा चुनाव के नतीजों ने तीन दशक से भी ज्यादा वक़्त से शासन करने वाले वाम मोर्चे को सत्ता से बेदखल कर दिया था और फायरब्रांड नेता ममता बनर्जी ने *जंगल महलेर उन्नयन* के नारे के साथ चुनावी अभियान चलाया था।

जंगल महल में नक्सली हिंसा पहले कम हुई और उसके बाद धीरे-धीरे बिलकुल शांत हो गई। इस बार, 2016 में सड़कों की हालत पहले से बेहतर हुई है। 2016 में विधानसभा चुनाव से पहले नक्सलवादी किसी क़िस्म की हरकत नहीं कर पाए, फिर भी

सुरक्षाबलों की भारी तैनाती थी। हालांकि, नक्सल हिंसा के घने दौर के बाद, जब से सुरक्षाबलों का हाथ ऊपर होना शुरू हुआ था, नक्सलियों ने कभी भी हार नहीं मानने वाली रणनीति ही अपनाई थी। अपनी रणनीति के तहत की गई क्रूर हत्याओं और अपने साथियों को दिए गरीबी की ज़िंदगी के लिए वह अपनी निंदा बर्दाश्त करते थे। 2016 के विधानसभा चुनावों में ममता बनर्जी जंगल महल इलाके (और पूरे बंगाल में) और भी बड़ी ताकत के रूप में उभरीं। हालांकि, पिछली बार की उनकी सहयोगी कांग्रेस इस बार लेफ्ट फ्रंट के साथ चुनावी संग्राम में ममता के खिलाफ था, लेकिन जीत ममता की हुई। जाहिर है, जंगल महल ने ममता के कुछ कामों को समर्थन दिया होगा या फिर पूरे बंगाल में ममता की लोकप्रियता की आंधी का असर इधर भी पड़ा होगा।

बात अगर विकास की ही हो, तो इसकी परिभाषा को व्यापक तौर पर देखने की जरूरत है।

अलग-अलग वक्त में विकास के मायने अलग होते हैं, और यह मायने भी समाज के विभिन्न वर्गों और समूहों के लिए अलग होते हैं। जंगल महल भी इस कसौटी पर अलग नहीं है। ममता बनर्जी की सरकार बनने के बाद कई योजनाएं बनी हैं, लेकिन बांकुरा, पुरुलिया और पश्चिम मेदिनीपुर में विकास उसी क़दर बुनियादी ज़रूरतों तक अपनी राह खोज रहा है। परिभाषाओं में विकास चाहे जो हो, लेकिन जंगल महल के इलाकों में इसके नाम पर सड़कों

और कॉलेज स्थापित करने जैसी इमारते और ढांचे खड़े करने का काम ज़रूर हुआ है। लेकिन रोज़गार के साधनों की कमी बहुत ज्यादा है।

देश भर में नक्सलियों पर यही आरोप लगता है कि वे लोग अनावश्यक हिंसा में लिप्त रहते हैं और हत्याओं के अविवेकी कारनामे अंजाम देते हैं। नक्सलियों ने इस इलाक़े में हर उस राजनीतिक दल और आम आदमी को अपना निशाना बनाया, जो माओवादी विचारधारा से वैचारिक रूप से या राजनीतिक रूप से अलहदा रास्ते पर चलते थे। बहरहाल, नक्सल विचारधारा को वैचारिक संभ्रम का रूप देकर उस पर अंतहीन बहस करने की बजाय पश्चिम बंगाल के इन तीन ज़िलों की आबादी के बदतर हालात की तरफ ध्यान खींचना और उस पर कार्रवाई करना ज़्यादा मुनासिब है।

सरकार ने लोक-लुभावन विकास योजनाओं और नारों के ज़रिए जनता का ध्यान खींचने और नक्सलवाद पर काबू पाने की कोशिश की है। हालांकि, सिर्फ लालगढ़ जैसे क़स्बे में ही अभी भी केंद्रीय अर्धसैनिक बलों के तीन कैंप मौजूद हैं। फिर भी, पहले जिन इलाकों में कच्ची सड़कें भी नहीं थी, वहां आज मनरेगा के तहत सड़कों का काम चल रहा था। गरीबों को पश्चिम बंगाल सरकार दो रुपए किलो चावल देती है। कई गांवों तक बिजली के खंभे लग गए हैं। लेकिन असल विकास क्या इन्हीं बिपाशा (बिजली-पानी-सड़क)

के काम को कहेंगे!

लालगढ़ में पुल बनने से लेकर नर्सिंग कॉलेज खुलने तक और टीचर्स ट्रेनिंग स्कूल खोलने तक तमाम काम चिह्नित जगहों पर ही किए गए हैं। जंगल महल के दूर-दराज़ के गांवों में अब भी पीने का पानी मयस्सर नहीं हो रहा, सिंचाई के लिए पानी की तो बात ही छोड़िए। गरीबी अभी भी सबसे बड़ी बीमारी है। जंगल महल के इलाके में फिलहाल शांति है। लेकिन यह शांति नहीं सन्नाटा है। यहां के युवाओं के लिए रोज़गार के साधनों के सृजन समेत इलाके को देश के बाकी हिस्सों की आर्थिक वृद्धि की मुख्य धारा में न जोड़ा गया तो यह सन्नाटा कभी भी टूट सकता है।

लेखक परिचय

मंजीत ठाकुर *इंडिया टुडे* में विशेष संवाददाता हैं। झारखंड के मधुपुर में जन्मे मंजीत ने आइआइएमसी से पत्रकारिता में डिप्लोमा हासिल किया और फिर भारतीय फ़िल्म और टेलिविज़न संस्थान में फ़िल्म की पढ़ाई की। वेबजगत के सक्रिय लेखकों में एक। रेडियो पर नीलेश मिश्रा के लोकप्रिय शो के लिए कई कहानियां लिखी हैं।